CÓMO VIVIR DEL AIRE

Guía para conocer el poderoso mundo del ozono y utilizar sus soluciones tecnológicas.

Ángel Manuel Sereno Marchante

A mis padres Angelita y José.
A mis hermanos.
A mis sobrinos y sobrinos nietos.
A todo el equipo de trabajo de Cosemar Ozono.
A todos los Socios Franquiciados.
A todos mis clientes
A todos los que aún no nos compraron.
A todos mis amigos y posibles enemigos
A toda mi familia cercana y lejana
A la buena y mala competencia
A todos que trabajaron en Cosemar Ozono.
A los centros de investigación y Universidades.
A todos los que les gusta preguntar y saber
A todos los que quieren compartir, crecer y debatir.

ÍNDICE

AGRADECIMIENTOS

Quiero agradecer su apoyo muy especialmente a mis compañeros, que me siguen en este viaje y hacen que el vehículo de Cosemar Ozono cumpla con su hoja de ruta desde hace tiempo:

Mar Pérez Calvo, compañera de viaje desde hace mucho tiempo y, en concreto, coautora de este libro, que ha redactado los capítulos técnicos del ozono, aportándoles su rigor científico, y ha revisado el resto.

Marycel Saggina, persona de mi confianza más cercana que hace más de una década que dirige las finanzas y la administración del vehículo.

Luís Javier Ruiz Martin Peñasco, copiloto del vehículo, cuya paciencia, entrega y valores hacen de su saber hacer y tesón un ejemplo de dignidad profesional y gestión de equipos.

Patricia Cáceres Carter, implicada y comprometida con los clientes al 100%.

Ricardo Alpuente; su maestría en las ventas, así como su experiencia nos ayudan cada día desde Cataluña.

Cristóbal Cabello Romero, esfuerzo y superación personal altamente demostrada y capacidad técnica al más alto nivel. Primer socio franquiciado.

A todo el equipo de la oficina: Natalia Granados, Carolina Arriaga Patricia Terriza y Silvia Sola, cuyo esfuerzo y simpatía nos ayuda a llegar a clientes receptivos, consiguiendo así vender más.

Natalia Villa gestiona toda la parte virtual del Grupo Cosemar Ozono, dirigiendo la tienda online www.OzonoHogar.como

A los técnicos Juan Antonio Valero, Juan Antonio Ruiz, Jesús

Tejedor, Fabián Alba, Andrey Odnolitok, Joaquín Izquierdo, Javier González y Toni Sánchez.

A los nuevos pasajeros: José Antonio Bernabéu, Ana Uriol, Pilar Raposo y Avelina Bellostas, Salvador Padilla, Jaime Cortadellas y Pablo Canal.

Al Comité Científico de Cosemar Ozono:

- D. Eduardo Gómez Beser. Farmacéutico. Director General de los Laboratorios Agroalimentarios Gómez Beser
- D. Gonzalo Pascual Álvarez. Biólogo. Jefe de Bioseguridad y Biocontención del Laboratorio de Alta Contención del INIA
- D. Santiago Aubourg. Doctor en Ciencias Químicas. Profesor de Investigación del CSIC
- Dª. Encarna Aguayo Giménez. Dra. Ingeniero Agrónomo y Diplomada Superior en Ingeniería y Aplicaciones del Frío.. Profesora de la Escuela Técnica Superior de Ingenieros Agrónomos de Cartagena
- D. José María Durán Altisent. Dr. Ingeniero Agrónomo y Licenciado en Farmacia. Catedrático de Universidad en la ETSIA.
- ÁngelFernández Ipar. Biólogo. Decano del Colegio Oficial de Biólogos de la Comunidad de Madrid.
- Isabel del Castillo González. Dra. en Ciencias Biológicas. Profesora en la Escuela Técnica Superior de Ingenieros de Caminos, Canales y Puertos.
- Virginia Rosa Díaz, Licenciada en Farmacia. Directora General de Laboratorio Sayco.

A los amigos del mundo del marketing y las nuevas tecnologías:

Wilhem Michael y María Moreno auténticos genios del marketing que gestionan Innovo Marketing.

Imanol Bueno y su mujer, Claudia, genuinos empresarios e innovadores.

Frenchi, genio del SEO y social Media.

Lasse, maestro del video marketing.

Fernando Moreno, maestro en ventas, mente y espíritu.

Javier Rivero, genio de la planificación y los objetivos.

Patricio Peker, maestro de vendedores.

Esther Muñoz, programadora infatigable.

Eduardo Roselló Toca, maestro del control mental y gestión del estrés.

Profesor Enzo Cutini, maestro del ozono

Julia Cuéllar Pérez, nuestra diseñadora gráfica y responsable de la portada de este libro.

Marisa Cruzado, periodista de vocación.

A mis amigos:

Manolo Altamirano y su mujer, Emi; Carlos Sobrini y su mujer, Cintia; Juan Ignacio López Jurado y su mujer, Marta; Álvaro Cerame y su mujer, Conchita; Alejandro Paredes, Rosa Pérez Cámara, Coque Fernández Cid, Nacho Fernández Cid, Salvador Durán, Rafael Rodríguez y Lorena Pérez, Paco Salas y su mujer, Asunta; Itziar Ortega, Celso Vázquez, Mercedes Afonso, Alfonso Carcasona, María Zurita Borbón, Henri Luc Grare y su mujer, Almudena; Javier Mata y su mujer, María Salud; Nacho Alonso Zambrano, Julián Saúco, Beltrán Peñalver, Rafael Ansón, Natalia Santa Teresa, Isabel de Diego, Ivón Sánchez Tapia, Marta Jiménez Quesada, Tomás Salinas, Santiago Álvarez Barón, Federico Piazza, Max Gosch, Juan Pablo Lázaro, Gonzalo y Patricio Rodríguez Carmona, Lola Martínez Sierra, Susana del Callejo, Carmen Álvarez, Fernando Ibáñez, Leo Saggina, Sumi y toda la quinta del 68 de Chillón.

Quiero agradecer a la IOA (Asociación Internacional del Ozono), sus aportaciones científicas y técnicas de varias décadas aportando soluciones pioneras y de vanguardia en el poderoso mundo del ozono y la luz ultravioleta.

Quiero también agradecer a la Asociación de Consultores, Auditores, Formadores y Laboratorios (Acofesal), su interés en el desarrollo e innovación en los APPCC y la prevención de riesgos asociados a intoxicaciones alimentarias, en especial a sus directivos Gonzalo Martínez Peña, Luis Romero, Rafael Izuzquiza Gasset y José Luis Caba.

A la Asociación de Empresas de Desinfección de Madrid (AMED), en cuya Junta Directiva llevo varios años, por su labor en formación y su empeño en la profesionalización del sector de la desinfección, especialmente a su Presidente Jaime González.

Quiero agradecer asimismo a CEIM su labor de representación y defensa de los intereses de los empresarios madrileños.

Al Club Financiero Génova, a su Presidente Juan Pablo Lázaro y la Directora General Arrate Oromi.

A mi muy querida AJE, Asociación de Jóvenes Empresarios de Madrid, donde participé más de diecisiete años en la comisión ejecutiva y aprendí mucho de lo que hoy soy. Conservo de ella grandes y buenos amigos cuya labor en la ayuda a las vocaciones empresariales y en defensa de los emprendedores es única e insustituible.

A la Cámara de Comercio e Industria de Madrid; a su Presidente Arturo Fernández y a su Director Gerente, mi amigo Miguel Garrido de la Cierva.

Al Colegio Oficial de Biólogos de la Comunidad de Madrid, y muy especialmente a su Decano, mi amigo Ángel Fernández Ipar.

A los más de 3.000 seguidores en Facebook en Cosemarozono y Ozonohogar.

PRINCIPIOS RECTORES DE COSEMAR OZONO

Doctrina base de Cosemar Ozono

Mejorar la calidad de vida de las personas mediante una mejora constante de la calidad del aire, del agua y de los alimentos.

Propósito General:

Proporcionar al cliente soluciones a sus problemas de sanidad ambiental. Mejorar la calidad ambiental, acabando con la contaminación biológica y química, así como con los olores desagradables, reduciendo el uso de agentes químicos, perjudiciales para la salud y el medio.

Propósito interno:

Proporcionar un nuevo modelo de negocio de proximidad y cercanía, que permita elevar la calidad de vida de los socios franquiciados así como del trabajadores que integra Cosemar Ozono, permitiendo crecer en lo personal, social, económico y profesional.

Conseguimos este objetivo facilitando y proporcionando formación constante a todos los miembros de nuestro equipo, llevando a cabo un control efectivo de las necesidades de los clientes y respondiendo con contundencia y eficacia a sus demandas, consiguiendo ambientes interiores más confortables e higiénicos, así como la mejora continua del entorno y la salud, respetando a los usuarios y el medio.

Ética de Cosemar Ozono:

Compromiso, afán de servicio, honradez, respeto, trabajo en equipo y poner nuestro granito de arena en la creación de un mundo mejor.

Claves diferenciadoras

Innovación, investigación y desarrollo con mucho marketing.

PRÓLOGO

D. MIGUEL GARRIDO DE LA CIERVA
Director Gerente de la Cámara de Comercio de Madrid

Apenas sabría decir dos cosas acerca del ozono. Desde hace unos 20 años identifico esa sustancia con la pasión y con el medio de vida de un amigo. Valga este comentario para justificar que en este prólogo de lo que voy a hablar es de personas, de actitudes y de comportamientos. De lo que implica ser EMPRESARIO.

Siempre me llamó la atención de manera especial la tercera acepción que el diccionario de la Real Academia Española ofrece del término *Empresa: "Tarea ardua y dificultosa que valerosamente se comienza."* Cuando alguien emprende un proyecto tiene que ser consciente que le va a suponer un enorme esfuerzo sacarlo adelante, que nadie le va a regalar nada y que va a tener que superar numerosos obstáculos para poder sobrevivir en la compleja jungla conocida como mercado. Además, y como recoge la mencionada acepción con el término *valerosamente*, deberá asumir que implica asumir riesgos. Pueden ser económicos, patrimoniales o personales, pero no se puede ser empresario sin arriesgar. Es consustancial a su naturaleza.

Nuestra sociedad necesita emprendedores que asuman riesgos y que superen barreras para poner en marcha nuevos proyectos, nuevas empresas, que generen empleo, riqueza y bienestar a los ciudadanos. Y cada uno de nosotros puede ser un nuevo empresario. Como decía al principio es una cuestión de actitud y de comportamiento. Triunfar, en este ámbito, es tan sólo salir adelante y, lo que más va a influir en ese éxito va a ser la actitud con la que se afrontan los retos. La determinación es la principal responsable del progreso. También son importantes, naturalmente, los conocimientos adquiridos mediante la formación. Pero esta, la formación, también suele ser consecuencia de nuestra actitud y nuestros comportamientos.

He visto a lo largo de mi vida ideas brillantes desarrolladas por personas que carecían de la actitud necesaria y la mayor parte de esas ideas no han acabado plasmándose en modelos de éxito. Y he visto muchas veces a emprendedores que, sin inventar nada nuevo, han desarrollado estupendos negocios que se han hecho un hueco en el mercado. Unas veces han mejorado el diseño, otras la atención al cliente, o la distribución de los productos. Da lo mismo, se han diferenciado de la competencia y han sabido encontrar su camino. No es necesario inventar nada nuevo, basta con mejorar lo que tenemos.

Cuando mi amigo Ángel Sereno sugiere que se puede vivir del aire estoy seguro que dice la verdad. Pero el aire deberemos acompañarlo de esfuerzo y de talento. Como él ha hecho a lo largo de su trayectoria personal, profesional y empresarial. Ángel es un empresario modelo, un ejemplo a imitar. Desde muy joven ha trabajado duro para sacar su empresa adelante, acertando algunas veces y otras errando y rectificando. Y siempre ha tenido la misma actitud, la de comerse el mundo respetando a sus trabajadores, a sus socios y a sus clientes. Aprendan y disfruten con la lectura de este libro. Contiene conocimientos pero contiene algo mucho más importante, ilusión.

Miguel Garrido de la Cierva
Director Gerente de la Cámara de Comercio de Madrid

D. ÁNGEL FERNÁNDEZ IPAR
Decano del Colegio de Biólogos de la Comunidad de Madrid (COBCM)

Corría el año 1994 cuando tuvimos ocasión de conocernos, hace ya 20 años de ello y tras un largo periodo sin vernos, la noticia de escribir un libro sobre ozono, me ha sido muy grata al igual que poder dedicarte unos párrafos.

El ozono ha sido el objeto que Ángel Sereno Marchante ha utilizado para vivir en el mundo empresarial y también en el mundo de la investigación. Ángel ha sido oportunista, innovador, creador, con ojo de futuro y, sobre todo, un empresario incansable y muy pesado de escuchar, pero buen escuchador.

Que un empresario como él escriba un libro sobre ozono, no es más que lo que todos deberíamos hacer, escribir sobre nuestra profesión y trasmitir, como él dice, "las bondades" que encontramos en nuestro caminar antes de que acaben en el vacío de la eternidad.

He compartido momentos buenos y momentos duros con quien puedo decir es mi amigo, y aunque desde hace algún tiempo no compartimos espacio físico, ni mental, para desarrollar ideas profesionales, sí puedo decir que seguimos teniendo, el más que yo, ilusión por investigar e innovar en el campo de la higiene ambiental; sí, Ángel, quizás por ello seguimos en la brecha, pues nuestras convicciones sobre el concepto de higiene y salud ambiental andan muy paralelas y las tenemos fuertemente elaboradas.

El habernos conocido ha supuesto un enriquecimiento mutuo, un enriquecimiento personal y profesional para ambos; hemos pasado muchas horas discutiendo sobre la aplicación del ozono generado "in situ" y también sobre cómo se debe de aplicar para eliminar el riesgo que puede suponer una instalación descontrolada. Si no recuerdo mal, Ángel Sereno es de los pocos empresarios que ha atendido la preocupación por la salud de las personas a la hora de diseñar un equipo y una instalación.

Hace poco estuve viendo las instalaciones más recientes de Pinto y en la conversación que tuvimos no me asombró encontrarme con el empresario de siempre, luchando en estos momentos de crisis y defendiendo a tus trabajadores para salir adelante, realmente es un respiro hacia nuestros empresarios. Aunque conociéndole es lo que esperaba de aquel joven empresario de la CEIM que muy pronto aprendió lo que significa luchar por él, por los que se encuentran a su alrededor y por la higiene ambiental (su profesión empresarial)

Estoy convencido de que el libro será una buena lectura para jóvenes empresarios y todos aquellos que quieran adentrarse en el mundo de la aplicación del ozono. Ozono producido "in situ", que lejos de tener que ver con el ozono troposférico merece una buena atención por su utilización en los tratamientos en el campo de la salud ambiental de interiores y la higiene alimentaria.

Y como no puede ser de otra forma, desear al lector que quiera introducirse en la aplicación del ozono, en la aplicación de los generadores de ozono, tengan a muy bien leerse la norma UNE sobre seguridad química, la que junto a un buen número de excelentes empresarios y representantes de la administración sanitaria, entre ellos como no, Ángel, pudo elaborarse allá corriendo el año 1994.

Enhorabuena por tu libro querido amigo,

Ángel Fernández Ipar
Decano del Colegio de Biólogos de la Comunidad de Madrid

.

1 INTRODUCCIÓN. UNA IDEA GENERAL SOBRE EL LIBRO:

"Quizás la acción no traiga siempre consigo la felicidad,
pero no hay felicidad sin acción"
Benjamín Disraeli, ex primer ministro británico.

Este libro es parte de mí, de mi historia personal, que transcurre en gran medida dedicada al mundo del ozono, y que no cambiaría por nada hoy por hoy.

Pretendo, con este libro, desvelar las aplicaciones más habituales del ozono, o bien aquellas en las que Cosemar Ozono trabaja más cada día, y en las que podemos aportar algo de valor a los lectores.

En estos veinticinco años de trabajo, hemos realizado más de cinco mil instalaciones de ozono profesional e industrial en campos tan dispares como la desinfección de cámaras frigoríficas, obradores en la industria cárnica, eviscerado de porcino, vacuno, túnidos, etc., o la industria de cuarta gama. Incluso algunas menos habituales, como el blanqueo de jarabe de azúcar o, más recientemente, la aplicación de ozono para la industria apícola, en desinfección de los paneles de miel.

El libro recorre un nuevo mundo para muchos en el terreno técnico, y también representa una nueva oportunidad, para aquellos que la desconocen, como negocio de futuro y como alternativa para salir de la crisis económica.

El futuro profesional de los perfiles personales

Los perfiles personales más habituales son: técnicos, vendedores, directivos y emprendedores o empresarios, y todos tenemos un poco de cada perfil profesional.

Técnicos: tienen la capacidad, conocimientos y habilidades necesarios para ejecutar las cosas. Los técnicos pueden ser, por ejemplo, médicos, abogados, ingenieros, electricistas...

Vendedores: son los comerciales, los que venden. Sin ellos, los productos o servicios se paralizan y no rotan. Los vendedores son para la empresa como la sangre para el cuerpo. Son vitales, ya que sin ventas la empresa muere.

Directivos: son los que gestionan el talento de las personas. Son los que forman el equipo de trabajo y crean la conexión hacia un objetivo definido. Hacer que otros se sientan motivados y comprometidos con su tarea es requisito imprescindible para poder jugar en los mercados actuales.

Empresarios: son aquellos que asumen los riesgos en los proyectos y aportan la *visión*.

Pienso que la situación actual, en la que las comunicaciones son cada vez más sencillas y baratas, y donde priman las redes sociales, el boca a boca y la confianza como armas y herramientas para sobresalir y diferenciarte de la competencia, tanto en el ámbito personal, como profesional y empresarial, nos exige a todos que seamos, sobre todo, un poco (o mucho) vendedores.

El concepto de "vender" está infravalorado, muchas veces tiene connotaciones despectivas, o se considera profesión de poco valor. Tengo que decir que me molesta infinito el que se menosprecie la acción de vender, o bien al vendedor. Vender es servir, y un vendedor es aquel que sirve a los demás mediante la entrega de un producto o por la prestación de un servicio. El significado engloba también que aquello que ofreces sirve o ayuda a aportar beneficios a quien lo recibe.

La evolución de los mercados, las presentes exigencias en materia legal, los cambios de costumbres en el cliente y las nuevas tecnologías van mucho más rápido de lo que dura la digestión de los análisis tradicionales de mercados y oportunidades. Tenemos que estar junto al cliente y con el cliente. Tenemos que estar enfocados en el cliente y, por supuesto, sacar beneficio del valor que le aportamos.

El cliente nos enseña y nos marca el camino o tendencia que desea seguir.

Coincide el lanzamiento de nuestro modelo de negocio en franquicias con la publicación de este libro. Somos conscientes de que al principio nuestro sistema de socios franquiciados es duro y poco gratificante económicamente, pero al mismo tiempo es estable, seguro, innovador y duradero. Aprovecho para decir que, pese a ser nuestro modelo de negocio un híbrido de franquicia de bajo costo ("*Low Cost*"), esto no quiere decir que sea gratis: hay que pagar un alto precio en tiempo, esfuerzo y emoción.

Tenemos claro que el negocio del futuro será aquel en el que cada uno trabaje por cuenta propia, pero dentro de un escenario competitivo y creativo.

Así, pues, siguiendo esta visión, queremos apoyar y reforzar el carácter emprendedor de cada socio franquiciado para que pueda desarrollar su propia creatividad y visión.

Nuestra fórmula de socios franquiciados ha de basarse en la agilidad a la hora de la prestación de los servicios y fabricación de los equipos. Trabajar en un marco de alta confianza con el cliente, donde nuestro grado de compromiso vaya más allá de lo que el cliente espera.

Las habilidades, destrezas, conocimientos, tecnología, constancia, actitud y creatividad son requisitos necesarios para avanzar y logar objetivos en nuestro negocio. La base y razón de ser de nuestro negocio está enfocada en el sentido común del cliente.

Acerca de "*Cómo vivir del aire*"

Pretendo con este libro compartir aquello que he tardado más de 25 años en aprender, tanto a nivel personal como profesional y empresarial.

Han sido muchos los errores y las experiencias duras. Muchos los proyectos fallidos que han servido de experiencia y aprendizaje a mi yo actual.

Esto es parte de mi historia personal, sucesos y creencias, siempre con el más profundo respeto a todos y cada uno de los que me han aportado su granito de experiencia, dedicación y entusiasmo. Mi propia historia personal y la de Cosemar Ozono solucionando problemas y aportando beneficios a diferentes industrias.

He introducido algunos enlaces con testimonios de clientes para aportar mayor claridad y realismo en algunos capítulos.

No obstante, en lo que se refiere a equipos para el hogar o de uso doméstico, puedes visitar nuestra tienda online:

www.ozonohogar.com.

En cuanto a la ampliación de información técnica sobre el ozono, equipos, sistemas de uso profesional e industrial los puedes consultar en:

http://www.cosemarozono.es/

Los textos y documentación científica provienen no sólo de nuestra experiencia en Cosemar Ozono, sino de centros de investigación como la Escuela Técnica Superior de Ingenieros Agrónomos de Madrid, la Asociación Internacional del Ozono, Centro de Investigaciones Textiles de Tarrasa, la Escuela Técnica Superior de Ingeniería Civil de Madrid y muchos otros con los cuales me siento en deuda y a los que estoy profundamente agradecido.

Nuestro modelo de negocio y descripción de servicios están más detallados en nuestra Web corporativa:

www.cosemarozono.com

El primer capítulo de este libro cuenta mis inicios en el mundo del ozono y en los siguientes hace hincapié en la aplicación del ozono en los sectores más genéricos pero esenciales, hoy por hoy, para aprender *cómo vivir del aire* en nuestro modelo de negocio de Socio Franquiciado. Asimismo, se refieren las líneas en las que estamos investigando y aportamos algunos artículos de estudiantes que han colaborado con el blog de difusión del ozono, *Ciencia del Ozono*, cuyo enlace te dejo por si quieres conocer más:

http://www.cienciadelozono.es/

También mostramos los equipos que fabricamos y terminamos detallando el marco jurídico del ozono así como algunas de las preguntas más comunes que nos hacen sobre este gran desconocido que es el O_3.

Este libro pretende, además de iluminar un poco el mundo del ozono y sus aplicaciones en diversos ámbitos, crear una oportunidad de esperanza para aquellos que quieren montar un negocio y no saben por dónde empezar. Soy consciente de los tiempos que vivimos y quiero aportar mi granito de arena, como muestra de gratitud, al sector de la Sanidad Ambiental.

Hoy existe una oportunidad única para emprender un nuevo negocio basado en el ozono, y quiero ser el primero en compartir aquello que me ha funcionado y hecho crecer en el terreno personal, profesional y empresarial, como Cosemar Ozono.

Los amantes del marketing y del mundo de las ventas estamos siempre buscando un producto, servicio, o nuevas formas de negocio, que tengan que ver con el valor añadido y la diferenciación.

De cara a los clientes, el elemento emocional más potente con el que podemos conectarles con nuestra empresa no es otro que el factor humano. No tenemos que tener clientes contentos: tenemos que tener fans, ofrecer un producto o servicio cuyos beneficios sean claros y fáciles de transmitir.

Queremos hacer notar, aumentar y mantener el valor percibido y la satisfacción del cliente, suscitando comportamientos leales, que generen un impacto lo suficientemente significativo como para que el cliente vea rentabilizado su beneficio en función al precio pagado por la implantación de nuestros servicios, estableciendo así una relación larga que nos ayude a crecer, multiplicando nuestra base de negocio: la cartera de clientes.

Nuestro negocio se basa en la completa satisfacción del cliente en función a dos variables: el valor percibido y las expectativas creadas por nuestra propuesta inicial. El hecho de que una persona esté comprometida y vinculada con su trabajo influye en la percepción de los beneficios y el valor para el cliente.

La vinculación de los socios franquiciados con la empresa, así como el aumento de su contribución a ésta, difícilmente dejan huecos para la competencia o el descontento del cliente.

El objetivo común de los socios franquiciados y la empresa es que un cliente que entra, permanezca a lo largo de toda su vida.

Tengo la absoluta convicción de que si conseguimos aumentar el nivel de satisfacción de nuestros clientes como nadie, mejoraremos su permanencia como tampoco ningún modelo de negocio tiene hoy por hoy planificado.

Periódicamente realizamos un análisis DAFO (Debilidades, Amenazas, Fortalezas y Oportunidades); este análisis es primordial a la hora de decidir dónde te vas a jugar los resultados deseados y qué vehículos te ayudarán a conseguir tu visión, a conseguir aquello que tú deseas. El negocio no es más que el vehículo que te acerca o te aleja de la forma de vida que quieres para ti y tu familia.

De forma más concreta, este análisis te da la pauta para decidir dónde piensas jugar en el presente y en el futuro, dónde vas a vender tu servicio o producto y, sobre todo, para tener una óptica más definida que evite improvisaciones en el día a día.

Dicen que vale más una mala planificación que una buena improvisación. También es cierto que muchas veces, por más que quieres estudiar todas las posibilidades y todos los desafíos que nos podemos encontrar, nos pueden sorprender situaciones diferentes a las planificadas.

Es decir, que por mucho que trabajemos en marketing y tengamos todos los supuestos estudiados, tenemos que tener asimismo destrezas bien entrenadas y, por supuesto, dominadas, en la venta cara a cara.

El marketing trabaja siempre en abierto, pero a la hora de la negociación y la venta se trabaja en cerrado. Voy a explicar un poco lo que quiero decir. En el marketing generalmente estudiamos las posibilidades generales, abiertas, pero cada cliente es un mundo y tenemos que adaptar nuestra oferta al cliente de forma concreta, especial y única.

A todo el mundo le gusta que se interesen por él de forma especial, que estudien su problema, su situación y circunstancias y que conozcan en profundidad sus necesidades concretas; cuando haces esto con un cliente, éste se sentirá especial, diferente y único, y nos verá como profesionales responsables y comprometidos con su causa, lo que genera un clima de confianza. Cuando se actúa de esta forma se llega a formar parte del equipo humano del propio cliente. Para conseguir esto, claro está, tenemos que estar muy comprometidos con el cliente, dándole más que aquello a lo que estamos obligados. Aquí es donde tenemos que poner nuestra atención, en hacer sentir a nuestro cliente especial, único y diferente.

Tenemos que conocer el "*dolor*" concreto del cliente. ¿Qué problema tiene? ¿En qué aspecto podemos aportarle valor y beneficios que otros no han sabido ofrecerle?

Quiero poner un ejemplo del mundo de la medicina que muchas veces ayuda a entender de forma sencilla las incógnitas del marketing y, sobre todo, de la venta:

¿Cómo nos sentiríamos si vamos al médico y, al decir buenos días, el médico nos dice lo que nos ocurre sin preguntarnos nada y nos receta sin escuchar dónde y cuándo nos duele cualquier parte del cuerpo? En este caso, seguro que buscamos una segunda opinión.

Esto es lo que hacemos muchas veces mal en el mundo de la venta: no escuchar y dar por sabido aquello que preocupa, molesta o inquieta a nuestro cliente.

Hablar de oportunidad al cliente es hablar de acciones inéditas que nos lleven al éxito, hablar de oportunidad es optimista y da una cierto grado de opción y, por supuesto, da ocasión para llegar al corazón del cliente, ayudándole a marcar la diferencia. Se crea así una nueva circunstancia favorable, al poder interactuar con el cliente de forma oportuna y cercana.

Tenemos una nueva posición estratégica en la que coinciden dos aspectos importantes: por un lado el conocimiento y cercanía al cliente, llegando a formar parte de su equipo y, por otro, el hecho de proporcionar buenas soluciones tecnológicas que aporten un gran beneficio al cliente a bajo precio.

El nivel competitivo de una compañía que marca el ritmo, con garantías extraordinarias que blinden la inversión del cliente, esta es nuestra fórmula para logar que nuestro cliente descubra las ventajas únicas que ofrecemos respecto a la competencia. Una nueva ocasión para adecuar nuestra propuesta a sus necesidades.

En *Cómo vivir del aire* descubrirás un abanico de soluciones técnicas para abordar los problemas de diferentes industrias y poder conocer de primera mano el ozono como herramienta desde el punto de vista práctico.

He intentado aportar más de lo que habitualmente utilizamos en el día a día, y a lo que sí recurrimos de vez en cuando para despejar dudas o despejar alguna incógnita técnica.

Los técnicos en desinfección, seguridad alimentaria, mantenimiento de instalaciones, responsables de producción y calidad, entre otros, tienen en el ozono una herramienta poderosa para cumplir con el estándar de calidad y con las exigencias legales.

Hoy el ahorro, tanto de energía como de agua y productos químicos, se ha convertido en un objetivo importante, no sólo para la cuenta de resultados, sino para la imagen pública de ciertas industrias. Conocer soluciones, saber dónde utilizarlas y cómo, es una de las ideas de esta obra a través de la cual queremos aportar nuestro granito de arena.

En Cosemar Ozono procuramos que se nos diferencia por la anticipación y la innovación, y queremos con esta obra anticiparnos a los nuevos tiempos y exigencias del mercado, aportando los conocimientos básicos para técnicos y profesionales de diferentes sectores de actividad

También pretendemos ayudar a encender la llama de la acción de aquellos emprendedores que quieren crear y empezar su propio negocio con visión de futuro y con una misión comprometida con la sociedad actual. Invitamos a los nuevos emprendedores a conocer el poderoso y maravilloso mundo del ozono, Bienvenidos, y quiero animaros a seguir este pequeño recorrido y, cómo no, a conocer y participar en el Plan de Negocio que Cosemar Ozono, tiene en marcha.

Si has llegado hasta aquí es seguramente porque tienes inquietudes, curiosidades, dudas, pero, sobre todo, ganas de crecer y de ponerte en marcha.

2 COMPRIMIENDO VEINTICINCO AÑOS DE EMPRESARIO

"Si no cometes errores, es que los problemas con los que estás lidiando no son lo suficientemente difíciles. Y ése es un gran error"
Frank Wilczek, Premio Nobel de Física en 2004

Muchas veces pienso que mi llegada al ozono fue una casualidad, y otras veces veo que ciertamente, de alguna manera, lo estaba buscando inconscientemente. Creo que el resultado siempre es consecuencia de las acciones llevadas a cabo.

La verdad es que, siendo un poco honesto conmigo mismo y coherente con mis valores, he de contar que desde que vivía en Chillón, último pueblo de Ciudad Real ubicado justo en la frontera con Badajoz y con Córdoba por Andalucía, soñaba con crear algo, algo que aún no tenía forma, color, pero que estaba en mi ADN mental.

Sabía que quería crear algo aunque no tenía claro el qué, el cómo ni el cuándo, a mi temprana edad de 8 ó 9 años.

Quizás fue la influencia de la tienda de ultramarinos que mis padres tenían en mi pueblo, Chillón, o bien el vivir durante más de catorce años en el Polígono Industrial *Las Arenas* de Pinto, en una fábrica de productos químicos justo a menos de 50 metros de la carretera de Andalucía. Aún se puede apreciar el cartel THOMIL que me hizo plantearme -o al menos influyó en mi mente y en mi forma de pensar y desear-, desde muy joven, la idea de ser un emprendedor voraz y activo, aunque en varias ocasiones he estado inmerso en las profundidades de lo que la sociedad llama fracaso, la soledad del emprendedor y el desánimo total.

Antes de la mayoría de edad, con 17 años, hacía mis pinitos y jugaba a ser vendedor-emprendedor de medio pelo en el mundo de la mensajería, los viajes y la venta de libros, instalación de alarmas y sistemas de seguridad. No quiero extenderme en estos hechos, pero sí mencionarlos porque creo que, de alguna manera, marcaron mi vida y me ayudaron a "formatear" mi disco duro: mi manera de pensar, actuar y crecer. Me hicieron querer vivir en el mundo del comercio y de la empresa. Creo que mi forma de pensar y actuar desde muy jovencito estuvo marcada por mi infancia, con la tienda de mis padres, y mi adolescencia en el polígono industrial. Ahí está la génesis de mi *visión*.

Una buena visión debe mover la suficiente energía como para que el emprendedor se encuentre inundado con la idea, disfrute y viva el proceso con auténtica pasión.

La visión es la gasolina que hace mover el vehículo empresarial.

Para mí, hablar de ozono es hablar de mi propia vida. Realmente son muchas las personas que me han enseñado, y he trabajado con muchos profesionales que, de una forma u otra, me han aportado conocimiento y experiencia, tanto personal como profesional.

El ozono o, en este caso, Cosemar Ozono, es el vehículo empresarial que me ayuda a avanzar y por medio del cual he descubierto sectores industriales muy poderosos, extraordinarios y sorprendentes.

Así, también confieso que Cosemar Ozono, me ha ofrecido la oportunidad de viajar y conocer muchos países del mundo, con sus diferentes culturas, personas y competidores. Creo que es importante conocer cómo viven del aire -o del ozono- en Alemania, EEUU, Japón o China.

Creo que todos los lugares visitados me han aportado conocimientos y experiencias y, a veces, hasta descubrimientos increíbles[1].

Cada vez que realizo un viaje intercontinental me gusta contar uno a uno todos los países a los que he viajado, y las veces que he visitado cada uno. Voy a compartir los lugares que, a mis 46 años, he podido visitar y disfrutar:

Portugal, Francia, Bélgica, Gran Bretaña, Alemania, Holanda, Italia, Rusia, EEUU, Méjico, Guatemala, Costa Rica, Panamá, República Dominicana, Cuba, Curasao, Venezuela, Argentina, Brasil, Cabo Verde, Marruecos, Egipto, Emiratos Árabes, Japón, Corea y China; esto me crea un sentimiento de gratitud muy especial.

Mi trabajo, pasión y dedicación han marcado mi vida, así como yo he marcado la vida de Cosemar Ozono.

Digo esto porque siempre he pensado que las compañías tienen su propia personalidad, su propia *Visión* y *Misión*, y no siempre tiene que ser la misma que la de sus fundadores.

---

[1] *"Antes de la expansión del turismo, se concebía viajar como estudio, cuyo frutos adornarían la mente y formarían el juicio".* Paul Fussell.

Cierto es que muchas veces podemos mezclar la visión personal con la empresarial, teniendo este hecho una parte positiva y otra negativa, pero lo considero poco recomendable.

Quiero seguir contando un poco de mi historia, aunque muy simplificada, esbozar simplemente su trazado y algunas de las aventuras que he vivido.

En varias ocasiones he pasado momentos duros y dolorosos, como casi todo el mundo. Tanto en el terreno empresarial como en el económico, a veces las cosas se complican y nada sale como uno quiere. Mi modelo de negocio falló y prácticamente se hundió, con lo que perdí más de cien millones de pesetas a mis 27 años. Era allá por el año 1996. Hubo entonces una crisis económica –pequeña comparada con la actual- que tocó a varios sectores y a mí, personalmente, me cogió en un mal momento.

Mis padres son de origen muy humilde y no podían ayudarme económicamente. Rara era la semana que no tenía una reclamación de deuda en el juzgado o bien presiones de proveedores y bancos. Muchas mañanas la tensión me hacía vomitar al levantarme y por la noche no podía conciliar el sueño.

Cuando pasas por momentos de mucha tensión es difícil mantenerse centrado en lo importante del negocio, que son -o deberían ser- las ventas.

Puedo asegurar que donde pones tu atención, pones tu energía. Como dice el refrán: *A perro flaco todo son pulgas...*

Un emprendedor tiene que invertir su energía en los resultados, y no en apagar fuegos, pero la responsabilidad y las obligaciones legales te apartan y distraen de los resultados positivos. Lo que quiero decir es que cuando te llevan las circunstancias, el funcionamiento es negativo o poco satisfactorio. Cuando la mayoría de las acciones emprendidas en un día son fruto de la improvisación, te desenfocas y acabas provocando pérdidas en los resultados. En cambio, las acciones que se realizan con anticipación juegan un papel importantísimo a la hora de avanzar y diferenciarte de la competencia. Claro que, una vez sumido en las preocupaciones, es difícil centrarse en lo realmente importante y planificar con claridad.

La sangre de la empresa -y de cualquier negocio legal- son las ventas, y cuando los problemas te sacuden, te despistas, perdiendo tu capacidad de negociación, de avance y, con ella, ventas a chorros.

Cuando vives situaciones límite el valor percibido por los clientes y por el equipo es diferente al valor aportado por la empresa. Son momentos de soledad, angustia y descontrol.

Además, la inseguridad e incertidumbre que te crea un estado económico negativo te hace dudar de todo, incluso de aquello de lo que tienes certeza absoluta.

Es muy complejo mantener el control, disciplina y orden en tu empresa cuando pasas por momentos de fatiga y angustia. Cuando quieres y no puedes. Cuando parece que todo se te pone en contra.

Quizá estos años fueron los más duros por la impotencia y falta de energía que me consumían en esos momentos.

El disgusto a mis padres, el qué dirán, las dudas sobre si sabré, o no, *hacer empresa* y negocios, etc. Todo en esos momentos se complica, y unos y otros te hacen sentir culpable.

En España, caerte en el mundo empresarial es casi como delinquir: te quitan las tarjetas de crédito, no puedes tener una cuenta en el banco, se cierra el crédito y hasta la familia desconfía de ti.

En esos momentos la falta de visión o ceguera empresarial y personal era mi mayor problema. Un empresario tiene que aportar luz y claridad al proyecto de negocio. Es la más importante de todas sus funciones. Es mucho más importante que el producto o el servicio, la financiación y la gestión del equipo interno.

Haciendo amigos y compartiendo momentos

Hablar de mi historia personal es hablar de mi vida como empresario, y es aquí donde la Asociación de Jóvenes Empresarios de Madrid (AJE), cobra un sentido especial, lleno de emociones, sensaciones y energía que, durante gran parte de mi vida, han marcado mi trayectoria.

He pertenecido durante más de veinte años a la Asociación de Jóvenes Empresarios de Madrid; de ellos, algo más de diecisiete formé parte de la comisión ejecutiva. De esta etapa no sólo conservo muchos amigos, sino que a algunos de ellos los considero hoy por hoy mis mejores amigos; además, gracias a emular y seguir a muchos de los empresarios que conocí en aquella época llegué a crear mi propia figura actual de emprendedor y a salir adelante en muchos momentos.

En 1996 ETA secuestró por primera vez a un joven empresario en el País Vasco. Un grupo de jóvenes empresarios fuimos a Bilbao desde Madrid, liderados por el Presidente de AJE Madrid del momento, Miguel Garrido de la Cierva, (quien, por cierto, ha tenido la gentileza de prologar este libro, lo cual es un honor para mí y a quien siempre estaré inmensamente agradecido por toda la ayuda brindada en estos más de 20 años), para apoyar a Cosme Delclaux, un emprendedor miembro de la AJE del País Vasco que la banda terrorista de mal nacidos había privado de su libertad, amenazando su vida y metiendo el miedo en el cuerpo a toda su familia, para hacer lo que ha hecho toda la vida ETA: extorsionar, chantajear y matar a gran parte de la sociedad española.

Fue un viaje lleno de emociones y de significado para mi vida, no sólo por defender y apoyar a Cosme Delclaux, cuyo secuestro duró 232 días, sino por lo ocurrido en el viaje de ida y vuelta.

El coche en el que viajábamos a la ida se salió de la autopista como consecuencia de una granizada impresionante. El golpe fue serio, pero gracias a Dios y a la seguridad del Volvo de Miguel en el que viajábamos, no pasó nada grave.

Después de los atestados con la guardia civil y algo de susto, fuimos recogidos en la carretera por nuestro amigo Alejandro Ruiz Francos y algunos compañeros más que iban también a la concentración del viernes en favor del secuestrado, haciendo de "coche escoba", en el que nos apretamos y continuamos hasta Guecho (Vizcaya).

Allí, Antonio Garamendi, presidente de la Confederación

Española de Jóvenes Empresarios, invitó a cenar en su casa a más de una quincena de jóvenes empresarios llegados desde varios puntos de España para apoyar al secuestrado.

Al día siguiente, viernes, fue el acto público donde todos manifestamos nuestro rechazo, indignación y repulsa a ETA, solidarizándonos con el secuestrado y su familia.

En el viaje de regreso, unos volvíamos a Madrid y otros continuaban al Congreso de Jóvenes Empresarios de Santander.

Mi amigo Juan Pablo Lázaro y yo fuimos los únicos que regresamos de Bilbao a Madrid al día siguiente.

Mientras esperábamos el embarque Juan Pablo me invitó a tomar algo en el restaurante. Entre el susto del día anterior y mi situación personal, yo estaba bajo mínimos en todos los aspectos.

Y entonces él me comentó una cosa que me ayudó a clarificar y al mismo tiempo a diferenciar algo que iba a resultar importante y poderos para mí: me habló de la importancia de mantener un diálogo mental fluido con la empresa, los productos y servicios.

En este ejercicio mental creas o recreas las objeciones de clientes, los escenarios con bancos, con tu equipo de trabajo y buscas respuestas, argumentos, beneficios y ventajas que puedan diferenciarse de los puntos de vista genéricos y corrientes, para conseguir una propuesta única.

Juan Pablo conocía la situación por la que yo estaba atravesando y me hizo una sesión de mentoring importante, ayudándome de forma clara. A modo de reflexión me dio algunas claves importantes para avanzar, triunfar y vender en la empresa. Me comentaba que era primordial para un emprendedor hacer un ejercicio práctico de preguntas para definir de forma sencilla las acciones importantes en una empresa. Este ejercicio trata de conocer en profundidad lo que la empresa necesita para ir para adelante: aquí empieza la anticipación.

Esas preguntas tienen que aportar las respuestas a las necesidades y las incógnitas del negocio que uno dirige.

Así, mientras hacíamos tiempo en la puerta de embarque del aeropuerto de Bilbao, Juan Pablo me desvelaba las claves que él tenía para definir continuamente su plan de acción y clarificar su visión de forma continua y ponderada. La tarea más importante que debe hacer un emprendedor o un conductor de empresa es alcanzar los resultados deseados, los objetivos definidos.

Muy importante para alcanzar y obtener esos resultados es el diálogo con la propia empresa del que me hablaba al principio. Practicar un diálogo con preguntas que nos ayuden a centrar, evaluar, dirigir la atención a lo importante.

Fue una lección que me impactó, y siempre la tengo en mente; claro está que de esto hace más de 17 años, pero aun así, cuando atravieso momentos mentalmente borrosos o algo nublados, sigo utilizando este sistema, y no únicamente para el mundo de los negocios o la empresa, sino en todos los aspectos de mi vida.

El poder de las preguntas

La pregunta ayuda a enfocar y descubrir lo realmente importante para los clientes, para las personas del equipo y para uno mismo. Las preguntas criban lo importante de la paja. Te ayudan a descubrir el dónde, cómo, cuándo y porqué de las acciones coherentes y acertadas.

Cuando hacemos este ejercicio por departamentos, nos damos cuenta del tiempo mal empleado en acciones de segunda y de la falta de recursos, energía y tiempo invertidos en lo verdaderamente importante.

Aquí quiero compartir algunas de las preguntas que me ayudan a clarificar mi visión de empresa.

- De todo lo que hacemos, ¿qué piensas que a los clientes les gusta y satisface más?
- ¿Por qué nos compran los clientes?
- ¿Por qué perdemos clientes?
- ¿Qué debemos mejorar para ser innovadores y diferenciarnos de nuestra competencia?
- ¿Qué acciones concretas me ayudan a vender más?
- ¿Qué servicio de los que ofrecemos valora más nuestro cliente?
- ¿Cómo podemos solucionar o mejorar nuestros equipos de gestión o ventas?
- ¿Cómo podemos cambiar nuestro servicios para hacerlos únicos y diferentes a los ojos del cliente?
- ¿Cómo nos ven nuestros clientes?
- ¿Cómo queremos que nos vean nuestros clientes?
- ¿Dónde queremos ser diferentes?
- ¿Cuál es el mayor problema de nuestro cliente?

- ¿Qué quiere nuestro cliente?
- ¿Cómo podemos crecer más?
- ¿Cómo podemos gastar menos?
- ¿Qué gasto debemos y podemos eliminar sin cambiar las prestaciones importantes para el cliente?
- ¿Cómo podemos hacer para que el equipo de trabajo se sienta mejor y desarrolle más de forma más sencilla y práctica?
- ¿Cómo queremos ver a la compañía dentro de un año, dos, cinco y diez?
- ¿Qué servicio se complementa con el que actualmente estamos ofreciendo?
- ¿Qué echa de menos nuestro cliente?
- ¿En qué liga queremos jugar?
- ¿Cuánto queremos vender?
- ¿Cuánto beneficio queremos generar?

No hay que olvidar el factor tiempo. Haciendo uso de las analogías, tenemos que fijar los objetivos en el tiempo como en un partido. Un partido de fútbol dura 90 minutos, y si queremos ganar tenemos que meter los goles en esos noventa minutos, evitando que nos marquen en ese tiempo. Llevando este ejemplo al mundo de la empresa, los resultados se tienen que conseguir en el tiempo establecido: día, semana, mes o año.

Este tipo de preguntas y algunas más, son aquellas que se le deben hacer a la empresa, y esperar su respuesta.

Búscate un lugar tranquilo y cómodo, y cierra los ojos después de hacer mentalmente un par de preguntas como las utilizadas a modo de ejemplo en las páginas anteriores sobre la empresa, actuando como su portavoz.

Este ejercicio nos ayudará a conectarnos y a sincronizarnos con la empresa a un nivel más elevado, aumentando nuestros niveles de conciencia de la propia empresa. Practicar este ejercicio de vez en cuando nos aportara claridad, así como una visión poderosa de la empresa con la que conseguir diferenciarnos de la competencia de una forma eficaz, duradera y creativa.

Este ejercicio práctico nos puede proporcionar un valor incalculable, además de ayudar a proyectarnos a niveles muy superiores respecto a los actuales de facturación y ventas, así como de diversión y crecimiento.

Este tipo de preguntas y la creación de diálogos con la propia empresa también la debemos realizar con el resto de servicios y productos que ofrecemos.

Practica preguntas abiertas, aquellas cuya respuesta no sea un "Sí" o un "No"; realiza preguntas en cuyas respuestas puedas explayarte mentalmente y que generen nuevas posiciones, argumentos, soluciones a objeciones o, simplemente, que ayuden a madurar y consolidar tu estrategia.

Un consejo: si tienes confianza con él, pregúntale a tu cliente todo lo que puedas y, en caso contrario, genera confianza con él; esto es clave para conseguir resultados grandes y objetivos positivos en tu cuenta de resultados.

Y un último consejo sobre esto de las preguntas: los seres humanos nos hacemos, según parece, entre 700 y 800 preguntas al día en estado de vigilia, y unas cuatro mil durante las fases de sueño, en estados REM, o bien cuando estamos inconscientes.

Es importante para mantenernos en plena forma hacernos preguntas que nos ayuden a cambiar nuestro propio estado de forma positiva. Estas son las *"Preguntas Corcho"*. La preguntas corcho, son aquellas que nos sacan a flote, nos hacen sentir positivos, contentos y agradecidos con todo lo que está a nuestro alrededor. Son preguntas que nos ayudan a subir el estado de ánimo.

Las *"Preguntas Corcho"* simplemente nos ayudan a caminar avanzando. Por otra parte, las enemigas de las *"Preguntas Corcho"* son la *"Preguntas Plomo"*. Estas son paralizantes, tienen respuestas que generan un estado emocional negativo, afectando en el mismo sentido a la empresa, nos nublan y evitan la claridad mental. Las *"Preguntas Plomo"* nos hunden emocionalmente y nos restan energías, tanto a nosotros mismos como a la empresa.

No olvides que "Claridad es poder"

El uso de este tipo de *"Preguntas Plomo"*, además de no aportarnos nada positivo, nos puede generar estados de ansiedad, nerviosismo, desidia y falta de acción. Aquello en lo que te enfocas es aquello que consigues .

Ejemplos de *"Preguntas Corcho"*:

- ¿Este cliente me puede ayudar a conocer a otros clientes que me compren más?
- ¿Cómo puedo hacer para dar a mi cliente más de lo que

me pide actualmente?

- ¿Qué es lo que me hace sentir bien y orgulloso de mi trabajo?
- ¿Qué dirá este cliente de mí cuando le solucione su problema?
- ¿Cómo será su sentimiento después de solucionar su problema?
- ¿Creo que debo pasar a visitar ahora al cliente? seguro que me está esperando?
- ¿Cuántos clientes potenciales me puede presentar este cliente que voy a visitar ahora mismo?

Ejemplos de "*Preguntas Plomo*":

- Seguro que este cliente no me paga
- Este cliente potencial seguro que no me compra
- ¿Este mes es el peor del año?
- Volveré más tarde, seguro que ahora no le viene bien a este cliente que pase a verle.
- ¿No me gusta esta parte de mi trabajo?

Mejor cámbiala y anticípate con inteligencia creando acciones que cambien el significado de tu estado actual.

Usa el ejercicio de preguntarle a la empresa: "*¿Qué necesitas para aumentar más las ventas?*", "*¿Quién más puede necesitar mis servicios o productos?*"

Visualiza todo lo que puedas y crea escenarios mentales apropiados para conseguir tus resultados.

Crea preguntas internas. Pon ejemplos y espera, pensando o

meditando, en todo aquello que se te viene a la mente, y observarás que en muchas ocasiones son cosas sencillas y fáciles de alcanzar.

Creo que tenemos que aprender a escuchar de forma activa a la empresa, a nuestros productos y servicios y, también es muy importante escuchar al mercado al que nos dirigimos y a los clientes potenciales.

Es muy difícil dar una solución o bien aportar un beneficio si no escuchamos atentamente lo que el mercado demanda. No siempre el mercado nos "habla" a gritos; es más, estoy seguro de que el mercado interesante y lucrativo nos suele "hablar" susurrando al oído, en voz bajita.

Los emprendedores, profesionales y socios franquiciados o consultores, debemos estar atentos a las señales que la sociedad y el mercado nos envían, observando y analizando constantemente todo aquello que está a nuestro alrededor.

Debemos jugar con la anticipación como herramienta de poder que nos ayude a diferenciarnos de los demás.

Desarrollar nuestra actividad de una manera cercana al cliente nos ayuda a despejar, descubrir y solucionar sus necesidades constantes o esporádicas.

Creando conexiones de confianza y responsabilidad con nuestros clientes, comprometiéndonos con el resultado final, manteniéndonos atentos a las necesidades de los clientes y de los clientes potenciales, conseguiremos que nuestra relación sea duradera, así como beneficiosa para nuestra cuenta de resultados.

Las preguntas y su utilización cobran cada día más relevancia en el mundo del emprendedor. Ayudan a refrescar y ponerse al día en todo lo concerniente a las necesidades de la empresa, aportando un valor incalculable en la claridad de los resultados. Tenemos que ver a dónde queremos llevar nuestro negocio o compañía. Como dice Anthony Robbins, *la claridad es poder*. El ejercicio de preguntarse a uno mismo, o bien a la empresa, hace que la atención se dirija a la parte importante y que evitemos toda la paja.

De forma periódica suelo preguntarme y mantener un dialogo con Cosemar Ozono, con los nuevos productos y servicios que comercializamos y también con aquellos que queremos reactivar, aumentar sus ventas o mejorar en su calidad. No es fácil y requiere de mucha práctica. Te recomiendo que lo intentes con tranquilidad y ganas.

Por mucho conocimiento del producto que tengas, por muchas acciones de marketing o publicidad que emprendas y por muy buenos jugadores que haya en tu equipo, no alcanzas el éxito si no te preguntas de forma inteligente.

Así, la falta de dialogo con el negocio propio -o ajeno- puede hacer que los intereses se contrapongan, o bien que no coincidan con los intereses de los propietarios, gerentes o ejecutivos.

Nivel de competencia

Las grandes compañías y multinacionales juegan en otra liga, en mercados fuera del alcance de los pequeños emprendedores o promotores, y además son creadoras de tendencias. Esto es cierto, pero también lo es que su comportamiento y forma de actuar es lento así como que no suelen alcanzar niveles de compromiso altos y profundos con el cliente.

Tampoco consiguen identificarse con el resultado final que el cliente demanda. La anticipación, la rapidez en aportar soluciones a posibles problemas, es clave de identidad de una pequeña y mediana empresa o de un profesional autónomo y, por supuesto, es en aquello en lo que nos entrenamos a diario en nuestro nuevo modelo de negocio, el **socio franquiciado**, y por el que a modo de metáfora decimos Como vivir del aire .

Me viene a la mente una clasificación general cuyo origen desconozco, y que tampoco comparto del todo, pero que nos ayuda a hacer la siguiente reflexión, al comparar la personalidad de los empresarios con algunos representantes del mundo animal. Esta clasificación divide el mundo empresarial en tres grandes grupos: boquerones, lobos y tiburones, respondiendo a lo que "comen", grandes o pequeños bocados, al alcance de su mercado.

Porque cada mercado tiene su propio nivel de maduración, y el profesional o emprendedor debe tomarle la temperatura para saber si es el momento apropiado para ofrecer propuestas que aporten alto valor al mercado, así como soluciones convincentes y sencillas. Muchas veces debemos dejar en remojo, esperando que se ablanden y manifiesten, las necesidades del cliente.

Quiero recordar aquí una historia que me contaron. No sé si es verdad o mentira, pero creo que es útil simplemente a modo de ejemplo:

Dicen que en la antigua China pagabas al médico por no enfermar, de manera que dejabas de pagarle cuando enfermabas.

Me gusta porque esa forma de hacer las cosas, pagando cuando algo funciona bien y no haciéndolo si va mal, tiene todo el sentido del mundo en las empresas de servicios. En la división de Sanidad Ambiental de Cosemar Ozono nosotros cobramos a nuestros clientes para que no tengan problemas de olores, contaminación biológica, plagas de roedores, insectos, etc. Si estos problemas aparecen, los gastos de mantenimiento, reparación, tratamientos, etc., corren por nuestra cuenta, sin generar ningún cargo extra al cliente. Pienso que esta manera de actuar es más auténtica y honrada que la de ganarnos la vida a costa de averías, desinsectaciones, y miserias de un cliente.

Volvemos a mencionar la importancia de anticiparnos y corregir posibles errores o situaciones negativas.

Cada vez que nos centramos en aportar más valor en nuestros servicios al cliente, y a su vez al cliente de nuestro cliente, aportamos valor a la sociedad y al mundo donde vivimos.

En Cosemar Ozono nos obsesiona llegar al corazón de nuestro cliente y ayudarle a marcar la diferencia con su competencia, sintiéndonos y actuando como parte de su propio equipo de trabajo.

La idea es clara, trabajamos para anticiparnos a posibles problemas evitando las consecuencias negativas que conllevarían a nuestro cliente.

Por eso tenemos que estar muy atentos a las pequeñas demandas y "escuchar" los susurros que nuestra empresa (o servicios) nos hace, para mantenernos creativos y diferentes en el mercado. Si queremos sorprender debemos estar alerta a fin de aportar de forma continua la oferta única de venta que nos diferencie de la competencia, creando barreras protectoras para evitar la entrada a nuevos competidores. Voy a incidir en la importancia de la creatividad y la confianza, además del precio, en estos momentos de crisis económica.

Ojo a lo realmente necesario para el Negocio

Muchas veces entiendo que tengo que separar la visión y misión de Cosemar Ozono de mi visión personal. Y realmente son puntos de vista diferentes, e incluso intereses diferentes, o al menos algo contradictorios; pero después de 26 años liderando Cosemar Ozono, a veces estoy tan implicado que me cuesta separar una visión personal de la profesional y empresarial.

Actuar y no esperar

Pero no podemos olvidar que, si queremos avanzar en estos momentos de sequía económica, tristeza y parón financiero y laboral en la sociedad, hace falta crear cuatro millones de empresas para que España progrese y genere realmente riqueza para muchos que están esperando salir de la crisis.

El mundo empresarial es un reflejo del mundo real. Los patrones se suceden en ambos mundos. Tenemos artistas, genios, santos, etc., y también la parte negativa: malos artistas, falta de ingenio, egoísmos, malas praxis a la hora de trabajar y comportarse, etc. De igual modo existen buenos y malos empresarios y emprendedores, pero nos guste o no, es el momento de actuar: como digo, hacen falta cuatro millones más. Mejor buenos que malos.

Encuentro con el ozono

No voy a profundizar en el cómo aterricé en el mundo del ozono; quizás eso se quedará para otro libro más encauzado a la autoayuda y la superación personal que en esta obra que pretende ser una guía práctica para descubrir y sacar el máximo partido al ozono.

Lo que pretende este libro, como dice su título, es conocer las claves para poder vivir del aire (del ozono). Está, pues, enfocado para aquellos que viven o pretenden vivir del ozono (como socios franquiciados), así como para aquellos que, siendo profesionales de la higiene ambiental y alimentaria, utilizan este gas como potente herramienta de desinfección.

El presente libro pretende despejar dudas sobre aplicaciones y aportar un conocimiento eminentemente práctico, y no tanto científico, aunque por supuesto también realiza este aporte gracias a la colaboración de mi compañera Mar Pérez Calvo, directora técnica de Cosemar Ozono y Doctora en Ciencias Biológicas, sin cuyo concurso no existiría este libro, ya que realmente es coautora de esta obra. Ella es quien aporta la mayor parte de información técnica y científica incluida en este libro.

El ozono es un gas que se encuentra de forma natural en el aire en cantidades muy pequeñas: de ahí viene el título del libro.

En *"Cómo vivir del aire"*, quiero aportar los conocimientos y las claves que permiten utilizar las propiedades del ozono en el mundo actual. Cuidar del aire, del agua y de los alimentos es la meta que es posible conseguir, y el cómo se explica en este libro.

No se trata, como decía, de un libro científico ni tampoco técnico, es una guía práctica que ayuda a descubrir al profesional del ozono o socio franquiciado nuevas alternativas, a conocer los secretos para acertar a la primera.

En definitiva, a utilizar lo mejor posible la herramienta de desinfección más eficaz y ecológica que existe en la actualidad, gracias a su rapidez, escasa residualidad y total respeto al ambiente; a poder solucionar problemas enquistados o liderar el mercado desde una perspectiva profesional diferente a la de tus competidores tecnológicos.

Quiero compartir estos veinticinco años como muestra de gratitud y también para ir siempre un paso por delante de mi competencia, evitando relajarme y que los acontecimientos nos sobrepasen, aunque para ello tenga que revelar lo que hasta ahora han sido secretos internos de la compañía.

Mi intención es, como digo, aportar y compartir claves, dosis, modos de hacer, que funcionan desde hace más de veinticinco años y, gracias a los socios franquiciados, convertirnos en una de las empresas pioneras que trabajan en la mejora y desinfección del aire, agua y alimentos con ozono más importantes del mundo.

En Cosemar Ozono, hemos trabajado siempre enfocados en el cliente, en sus problemas y dificultades.

Aportar beneficios al mercado mejorando la sociedad es la manera más efectiva de contribuir a un mundo mejor y más justo. El ozono ofrece esta posibilidad, aumentando la calidad de vida, al permitir utilizar una tecnología innovadora que minimiza el uso de productos químicos nocivos y peligrosos para el planeta.

Así, esta tecnología contribuye a evitar plaguicidas e insecticidas de uso ambiental y alimentario, así como a disponer de las herramientas que nos ayuden a eliminarlos de los alimentos o bien del ambiente.

Son muchas las equivocaciones que a lo largo de estos años hemos tenido. No voy a describir los errores, pero sí quiero admitir ante los lectores que han sido muchas las equivocaciones que hemos cometido, así como que gracias a la confianza de los clientes hemos podido aprender de ellas, crecer y ahora compartir con ustedes parte de lo esencial.

La idea de esta guía es orientar al profesional de la Sanidad Ambiental a utilizar el ozono como herramienta diferencial para aportar valor y seguridad en sus procesos. Creo que los consultores de higiene ambiental o de seguridad alimentaria están avanzando en su campo con el conocimiento que les brinda el O_3; utilizar y sacar el máximo provecho del ozono es uno de los cometidos principales de este libro, así como el ayudar a descubrir y utilizar el ozono como herramienta de desinfección ambiental y alimentaría de uso sencillo y económico.

El presente y la crisis económica.

Creo firmemente que estamos viviendo un cambio de paradigma en el mundo económico y social.

A través de un nuevo cambio de modelo económico, los consultores de higiene ambiental y, más concretamente, los de casa, los Socios Franquiciados (termino que creó y utiliza Cosemar Ozono), tienen una gran posibilidad de éxito en un negocio creativo y competitivo donde la diferenciación, así como la innovación, hacen del ozono, componente natural del aire, una nueva ventana al futuro, gracias a la cual conocerás una nueva forma de vivir.

Cierto es que para el consultor de higiene ambiental o alimentaria o para nuestros propios socios franquiciados, estamos trabajando y creando un nuevo modelo de negocio en el que perseguimos la diferenciación de nuestros clientes, permitiendo que sus instalaciones sean las mejores del mercado en cuanto a ausencia de malos olores, desinfección y satisfacción del cliente, y para ello, evidentemente, además de la tecnología es necesario trabajar con el máximo nivel de entrega y compromiso.

Garantizamos ambientes interiores saludables controlando periódicamente las claves de la salud ambiental y alimentaria, combatiendo los hongos, bacterias, virus, así como los compuestos orgánicos volátiles y los malos olores con la tecnología más avanzada y respetuosa con el medio, mimando y cuidando al Hombre, el ambiente y, con ello, el planeta.

En Cosemar Ozono, además de trabajar con el ozono como herramienta principal, utilizamos también la luz ultravioleta, filtración HEPA o todas aquellas tecnologías físico- químicas que ayuden a reforzar nuestra Misión y diferenciarnos de otras empresas del mercado, que utilizan el ozono con otros criterios de precisión y aciertos diferentes o alejados de los nuestros, incluso considerando que lo usan de forma diferente a nuestro propio SABER HACER.

Quiero hablar de cómo un socio franquiciado puede hacer de su trabajo su pasión, su negocio y su plan de jubilación.

Por supuesto, como en cualquier otro negocio, tenemos competencia en este mercado cada vez más avanzado y exigente, donde el mayor valor de un negocio es mantener los clientes por mucho tiempo creando conexiones y empatía con un alto nivel de compromiso por ambas partes; por eso, hablar del uso de la tecnología del ozono no es nada nuevo, pero hablar de nuestro modelo de negocio **sí**.

Demostraremos en este libro las ventajas en diferentes campos de aplicación, los falsos conceptos propagados por empresas y aplicadores de productos químicos, y a veces la incongruencia de los tratamientos a base de estos para conseguir alimentos saludables o ambientes sanos.

De pasada comentaremos las pequeñas incursiones en el terreno de la salud o bien de la ozonoterapia.

En breve sacaremos al mercado toda una línea de cosmética y salud bajo la marca *Serenium*.

Realmente es sorprendente lo eficaz que resulta en ozono a la hora de combatir muchas enfermedades y es un nuevo mundo.

Nuestra contribución ha sido escasa en este aspecto, pero ahí va nuestro granito de arena en el curado del pie de diabético. Esto lo llevó a cabo un cliente médico de la Universidad de Medicina de Granada.

http://www.youtube.com/watch?v=6RDZo9trO8Q

También haremos una introducción en sectores tan potentes en la sociedad actual como el tratamiento de aguas potables y residuales, así como en prevención y control de *Legionella* en instalaciones de riesgo.

Mi pasado

En el año 1987 empecé realizando las primeras instalaciones de generadores de ozono en el canal Horeco. En el primer sector donde empezamos a comercializar las máquinas de generación de ozono fue en cafeterías, bares, discotecas, pubs y restaurantes. Recordemos que en esta época se podía fumar en los locales públicos y los olores a tabaco invadían los ambientes interiores del sector de hostelería, provocando que otros malos olores como los fritos, plancha, etc., no se apreciaran en los negocios de comida, bebida y ocio en general como ocurre en la actualidad.

Lo cierto es que en aquella época fue una auténtica revolución, y empezamos a vender equipos en todo el canal de Horeca en el sur de Madrid.

En ciudades como Pinto, Parla, Leganés, Móstoles, Fuenlabrada, y Madrid empezaban a notarse espacios y lugares diferentes, sin la pestilencia de malos olores en estos negocios. Por aquella época se combatían los malos olores únicamente con el uso de ambientadores químicos que, en muchos ocasiones, desvirtuaban el bienestar de estos lugares de ocio gastronómico.

Hemos tratado con ozono cámaras de frío destinadas al almacenamiento de carnes, pescados, frutas y salas blancas, para evitar mermas de peso, destruyendo gérmenes y eliminando olores, manteniendo los alimentos en mejores condiciones higiénicas y sanitarias.

Todo ha sido un innovar y evolucionar constante, comercializando instalaciones de ozono en la inyección de los conductos del aire acondicionado para eliminar la contaminación microbiana adherida en el interior de los mismos, controlando el crecimiento de hongos y destruyendo los Compuestos Orgánicos Volátiles del ambiente.

Por hacer un recorrido en instalaciones de clientes, los tenemos en sectores tan dispares como cines, teatros, aseos, baños públicos, fábricas de conservas, hoteles, lavaderos de coches, estaciones de servicios, fabricación de pan, geriátricos, sector hospitalario, etc.

También utilizamos el ozono para neutralizar el etileno, gas que genera la propia fruta y que hace que aumente la velocidad de maduración, acortando la vida útil de frutas y hortalizas en cámaras de frío.

Este libro aporta mucho más de lo que un consultor de Higiene Ambiental y Alimentaria debe saber, pero tiene la información precisa que un Socio Franquiciado conoce y utiliza a la hora de desarrollar su negocio.

Es verdad que utilizamos algún tecnicismo y palabras de carácter científico. La idea simplemente es aportar valor y en ningún caso quiero utilizar un lenguaje para técnicos o científicos.

La verdad este libro pretende ser un híbrido entre las claves que hacen que funcione y se diferencie nuestro negocio, Cosemar Ozono. y lo que el propio ozono ofrece como herramienta de desinfección en aire y agua. No sólo aportando datos y conocimientos técnicos del ozono, sino también mi punto de vista y experiencia, innovación y estado físico y mental a tener en cuenta cuando estamos desarrollando nuestro propio negocio.

Los problemas no se resuelven con el mismo grado de pensamiento con que se crearon.

Albert Einstein

3 QUÉ ES EL OZONO: EL PODER DEL GRAN BIOCIDA

Innovar es encontrar nuevos o mejores usos a los recursos de que disponemos.
Peter Drucker

El ozono es un gas azul pálido e inestable, que a temperatura ambiente se caracteriza por un olor picante, perceptible a menudo durante las tormentas eléctricas, así como en la proximidad de equipos eléctricos, según evidenció el filósofo holandés Van Marun en el año 1785. A una temperatura de – 112ºC condensa a un líquido azul intenso. En condiciones normales de presión y temperatura, el ozono es trece veces más soluble en agua que el oxígeno, pero debido a la mayor concentración de oxígeno en aire, éste se encuentra disuelto en el agua en mayor medida que el ozono.

El ozono es un compuesto formado por tres átomos de oxígeno, cuya función más conocida es la de protección frente a la peligrosa radiación ultravioleta del sol en la capa llamada OZONOSFERA; pero también es un potente oxidante y desinfectante con gran variedad de utilidades, entre las que cabe destacar su uso como herramienta de desinfección ambiental y en la industria alimentaria. La destrucción olores desagradables en ámbitos tan diversos como en el hogar, hostelería, clínicas, escuelas infantiles, lavaderos de coches, hoteles, lavanderia industrial, salones de belleza, peluquerías, piscinas y spas o gimnasios, hacen del ozono una herramienta magnífica para la desodorización de espacios interiores, así como para mantener un agua limpia y libre de microbios.

Debido a la inestabilidad y del ozono, en este tipo de aplicaciones éste debe ser producido en el sitio de aplicación mediante unos generadores conocidos como ozonizadores. El funcionamiento básico de estos equipos es sencillo: pasan una corriente de aire o bien oxígeno a través de dos electrodos. De esta manera, al aplicar un voltaje determinado, se provoca una corriente de electrones en el espacio delimitado por los electrodos, que es por el cual pasa el gas. Estos electrones provocarán la disociación de las moléculas de oxígeno que posteriormente formarán el ozono. En definitiva, y explicado de forma simple, el ozono lo producimos mediante descargas eléctricas simulando una diminuta tormenta.

El compuesto presenta una estructura molecular angular, con una longitud de enlace oxígeno-oxígeno de 1,28 Å; se puede representar de la siguiente manera:

= electrones = átomo de O.

El ozono se descompone en el agua, generando radicales libres hidroxilo (OH⁻)

Estos radicales libres son uno de los más potentes oxidantes en agua, con un potencial de 2'80 mV, pero con el inconveniente de que su vida media es del orden de microsegundos aunque la oxidación que llevan a cabo es mucho más rápida que la oxidación directa por moléculas de ozono.

Así pues, el ozono puede reaccionar de dos formas en el agua:

- Oxidación directa de los compuestos mediante el ozono molecular
- Oxidación por radicales libres hidroxilo

De los oxidantes, más utilizados en el tratamiento de aguas, los radicales libres de hidroxilo y el ozono tienen el potencial más alto, como se muestra en la tabla siguiente:

Especie	Potencial*	Poder oxidante relativo**
Radical libre hidroxilo(OH^-)	2,8	2,05
Ozono	2,07	1,52
Peróxido de hidrógeno(H_2O_2)	1,77	1,30
Ion permanganato (Mn_4^-)	1,49	1,10
Ácido hipocloroso (HClO)	1,49	1,10
Cloro (Cl_2)	1,36	1,00
Ácido hipobromoso (HBrO)	1,33	0,98
Dióxido de cloro (ClO_2)	1,28	0,94
Monocloramina (NH_2Cl)	1,16	0,85
Ácido hipoyodoso (HIO)	0,99	0,73

* relativo al electrodo de hidrogeno
**con el cloro como referencia

Ficha descriptiva del ozono

Identificación	
Nombre químico	ozono
Masa molecular relativa	48 g/L
Volumen molar	22,4 m³ PTN/Kmol
Fórmula empírica	O_3
Número de registro CAS	10028-15-6
Referencia EINECS	233-069-2
Densidad (gas)	2,144 g/L a 0°C
Densidad (líquido)	1,574 g/cm³ a - 183°C
Temperatura de condensación a 100kPa	-112°C
Temperatura de fusión	-196°C
Punto de ebullición	-110,5°C
Punto de fusión	-251,4°C
Temperatura crítica	-12°C
Presión crítica	54 atms.
Densidad relativa frente al aire	1,3 veces más pesado que el aire
Inestable y susceptible de explosionar fácilmente	Líquido –112°C Sólido –192°C
Equivalencia	1 ppm = 2 mg/m³

Según las condiciones del medio puede predominar una u otra vía de oxidación:

- En condiciones de bajo pH, predomina la oxidación molecular
- Bajo condiciones que favorecen la producción de radicales hidroxilo, como un elevado pH, exposición a radiación ultra violeta, o añadiendo peróxido de hidrógeno, empieza a dominar la oxidación mediante hidroxilos.

3.1. GENERACIÓN DE OZONO DE FORMA ARTIFICIAL O INDUSTRIAL.

El ozono, como decíamos, se produce cuando las moléculas de oxígeno (O_2) se disocian, mediante la aplicación de una fuente de energía, en átomos de oxígeno y seguidamente colisionan con una molécula de oxígeno para dar el gas inestable que es el ozono (O_3).

$$3\,O_2 \Longleftrightarrow 2\,O_3$$

Debido a esta inestabilidad el ozono debe ser generado en el lugar de uso, aunque puede suministrarse de manera líquida en botellas de acero o vidrio, disuelto en fluorocarburos líquidos.

Fue Schöbein el primero en descubrir la generación sintética de ozono mediante la electrólisis del ácido sulfúrico. La descomposición de este ácido por la corriente eléctrica produce iones de oxígeno, los cuales son atraídos al ánodo de la célula donde pueden combinarse con el oxígeno bimolecular para formar el ozono, pero el rendimiento no es muy alto.

La irradiación de un gas que contenga O_2 mediante una luz ultravioleta es otro método utilizado para generar ozono, análogo a la formación de ozono en la naturaleza. La molécula de oxígeno se descompone por efecto de la radiación y los átomos de oxígeno excitados pueden reaccionar con el oxígeno bimolecular para formar el ozono.

El método más utilizado en la industria de la generación de ozono es de la llamada descarga eléctrica silenciosa. Consiste en hacer pasar un gas que contenga oxígeno a través de dos electrodos separados por un dieléctrico y un espacio de descarga. Se aplica un alto voltaje a los electrodos, originando así un flujo de electrones a través del espacio de descarga. Estos electrones proveerán la energía suficiente para disociar las moléculas de oxígeno y poder formar el ozono.

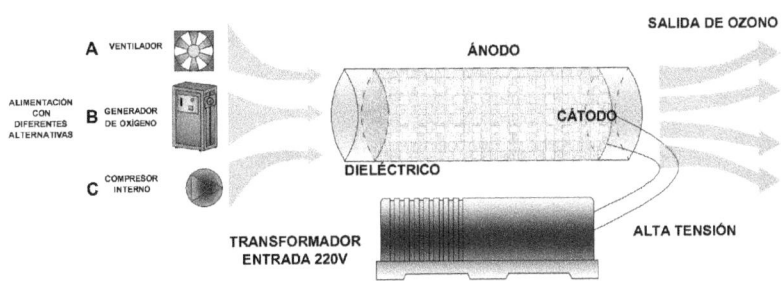

El gas utilizado para la generación de ozono puede ser aire, oxígeno puro o una mezcla de los dos. Los sistemas de generación de ozono a partir del aire son los más utilizados.

Desde grandes plantas de tratamiento alimentadas por generadores y concentradores de oxígeno, hasta diminutos ozonizadores para coche, o incluso personales, en cualquier caso, para una buena producción de ozono se requiere que el gas esté limpio, seco, con un máximo de punto de rocío de 60ºC y libre de contaminantes para el caso de instalaciones industriales.

Para garantizar un buen rendimiento y un correcto funcionamiento del sistema de ozonización, o bien de una planta de ozono industrial, estos deben estar provistos de compresores de aire, filtros, secadores, y reguladores de presión. Cuando se utiliza oxígeno puro, este se produce mediante concentradores y generadores de oxígeno, que luego almacenan en un pequeño depósito ubicado en el mismo generador. La utilización de generadores de oxígeno es la alternativa más inteligente, segura y racional en una instalación de generadores de ozono industrial. Alimentando los generadores de ozono con oxígeno se reducen averías, gastos de mantenimiento y se aumenta la producción de ozono. En CosemarOzono siempre utilizamos generadores de oxígeno PSA.

3.2. EL OZONO: ACCIÓN BACTERICIDA

El ozono se ha venido utilizando desde finales de siglo XIX para la potabilización de agua, aunque su utilización en el sector alimentario es poco conocida debido al gran predominio del uso del cloro como desinfectante.

Como ya hemos indicado, el **ozono** es un poderoso agente oxidante, sólo superado por el flúor, y con un potencial de oxidación de 2,07 V a 25 °C. Este alto potencial hace que sea capaz de oxidar todos los iones negativos (excepto el flúor). En efecto, oxida a los iones manganoso y ferroso, así como a los sulfurosos y sulfitos pasándolos a sulfatos, así como los nitritos a nitratos. También reacciona con casi todas las sustancias que se encuentran en el agua, incluyendo las sales metálicas y la materia orgánica.

La acción bactericida del ozono se manifiesta por su acción sobre la pared celular de las bacterias (conociéndose esta acción como "lisis"), así como sobre el propio material genético (ADN), siendo por tanto esta acción irreversible y distinta a la del cloro, el cual se difunde a través de la membrana celular atacando enzimas, lo que provoca que en muchas ocasiones los microorganismos se puedan recuperar o incluso desarrollar resistencia.

El ozono es eficaz, pues, en la eliminación de bacterias, virus, protozoos, nemátodos, hongos, agregados celulares, esporas y quistes (Rice, 1984; Owens, 2000; Lezcano, 1999). Por otra parte, actúa a menor concentración y con menor tiempo de contacto que otros desinfectantes como el cloro, dióxido de cloro y monocloraminas. Además el ozono, como indicábamos previamente, oxida sustancias citoplasmáticas, mientras que el cloro únicamente produce una destrucción de centros vitales de la célula, que en ocasiones no llega a ser efectiva por lo que los microorganismos logran recuperarse (Bitton, 1994); por ejemplo, estudios comparativos de las acciones letales del ozono y el cloro, muestran una dosis residual equivalente a 0,1 mg/L, durante 5 segundos para el ozono, frente a 4 horas 10 minutos del cloro.

Microorganismos estudiados frente a los cuales es efectivo el ozono

CosemarOzono

ALGAS

Chlorella vulgaris

BACTERIAS (I)

Achromobacter
Aeromonas hydrophilia
Agrobacterium tumefaciens
Bacillus anthracis
Bacillus megaterium
        (esporas y vegetativa)
Bacillus mesentericus
Bacillus paratyphosus
Bacillus spores
Bacillus subtilis
        (esporas y vegetativa)
Clostridium tetani
Corynebacterium diphtheriae
Eberthella typhosa
Escherichia coli
Legionella bozemanii
Legionella dumoffii
Legionella gormanii
Legionella longbeachae
Legionella micdadel
Legionella pneumophila
Leptospira canicola
Leptospira interrogans
Micrococcus candidus
Micrococcus sphaeroides
Mycobacterium avium
        complex
Mycobacterium leprae
Mycobacterium tuberculosis
Neisseria catarrhalis
Norcardia corallina
Phytomonas tumefaciens
Proteus vulgaris
Pseudonomas aeroginosa
Pseudonomas fluorescens
Rhodospirillum rubrum
Salmonella enteritidis
Salmonella paratyphi

BACTERIAS (II)

Salmonella typhimurium
Salmonella typhosa
Sarcina lutea
Serratia marcescens
Shigella dysenteriae
Shigella flexneri
Shigella paradysenteriae
Shigella sonnei
Spirillum rubrum
Staphylococcus albus
Staphylococcus aureus
Staphylococcus epidermidis
Staphylococcus faecalis
Streptococcus hemolyticus
Streptococcus lactis
Streptococcus salivarius
Streptococcus viridans
Vibrio cholerae
Vibrio comma

HONGOS

Microsporon audoaini
Microsporon lenosum
Monilia albicans
Trichophyton
Mentagrophytes
Trichophyton purpureum

ESPORAS DE HONGOS

Aspergillus flavus
Aspergillus glaucus
Aspergillus niger
Clostridium perfringens
Mucor racemosus A
Mucor racemosus B
Oospora lactis
Penicillium digitatum
Penicillium expensum
Penicillium roqueforti
Rhizopus nigricans

NEMÁTODOS

Huevos

PARÁSITOS

Cryptosporidium
Giardia lamblia

PROTOZOOS

Paramecium (Patógenas y no patógenas)

VIRUS

Adenovirus
Bacteriophage
Coliphage
Corona
Coxsackie
Cytomegalovirus
Echovirus
Epstein Barr
Flavivirus
Herpes (todos los tipos)
Hepatitis
Influenza
Orthomyxoviridae
Paramyxoviridae
Poliomielitis
Retroviridae (VIH)
Rhabdoviridae (Rabia)
Rotavirus
Syphilis
Tobacco mosaic
Toga

LEVADURAS

Levadura de panadería
Candida (todas las formas)
Saccharomyces cerevisiae
Saccharomyces var.
        Ellipsoideus
Saccharomyces sp.

4 BENEFICIOS DEL OZONO EN AMBIENTES INTERIORES

Allí donde la vida levanta muros, la inteligencia abre una salida.
Marcel Proust

Los ozonizadores tienen su origen en el intento de combatir y eliminar desde los malos olores, hasta los agentes contaminantes del aire como bacterias, hongos, virus y compuestos orgánicos volátiles presentes en aire respirable, o bien en los conductos de aire acondicionado.

"Con el aire respiramos la mayor parte de nuestras enfermedades. En contacto con el OZONO los microbios quedan quemados y las toxinas destruidas". (PASTEUR).

Desde el principio del mundo, la existencia de ambientes hostiles ha obligado al hombre a evolucionar y protegerse del medio para poder desarrollar su actividad laboral y su vida en las mejores condiciones posibles. Así, en el mundo contemporáneo, los seres humanos pasan gran parte de su vida protegidos del exterior y desarrollando su existencia en ambientes artificiales que, con mucha frecuencia, se convierten en un agente agresor causante de diferentes enfermedades.

El término "Síndrome del Edificio Enfermo", usado por primera vez en los años setenta, describe una situación en la que los síntomas de los ocupantes de un local pueden asociarse temporalmente con su presencia en ese lugar. Típicamente, pero no siempre, la estructura es un edificio de oficinas. En los años ochenta, la OMS tipificó entre los males contemporáneos el "Síndrome del Edificio Enfermo" (SEE), definido como la existencia simultánea de síntomas inespecíficos (dolores de cabeza, mareos, náuseas,...) en un conjunto de personas del mismo edificio.

A este respecto, el principal peligro de las construcciones modernas lo constituye el hermetismo con que se edifica, a modo de "burbuja", realizándose la ventilación de los locales a través del aire acondicionado. Cuando éste es central, y no se lleva a cabo una correcta limpieza periódica, se puede acumular en el interior de los conductos materia de todo tipo: pájaros muertos, ratones, cucarachas y, en consecuencia, microorganismos de diversas clases, convirtiéndose así las salidas de aire en auténticas "inyecciones" de bacterias.

De esta manera, aunque los edificios casi siempre protegen a sus ocupantes de la contaminación reinante en la ciudad, en muchos casos, durante la vida útil del edificio, los índices de esta pueden excederse debido a las malas condiciones internas de suciedad, polvo, humedad, gases tóxicos, hongos y aguas detenidas, o bien crear cuadros absolutamente nuevos de contaminación en el interior del edificio, por lo que resulta indispensable conocer y ser capaces de diagnosticar este cuadro, a fin de evitar las consecuencias negativas que para la salud de las personas implica, preferiblemente mediante la oportuna prevención de riesgos antes de que se presente el problema.

Es aquí donde el introducir de forma periódica en los ambientes interiores un control de los agentes causantes de enfermedades da un valor añadido y eleva a un nivel superior la calidad ambiental, aumentando seguridad de los ocupantes respecto a contagios y posibles enfermedades.

Entre las causas de este Síndrome, pues, encontramos unas de origen físico, otras de origen químico y, por último, causas biológicas; éstas se relacionan con el sistema de Aire Acondicionado, no únicamente por su capacidad de reciclar los contaminantes por todo el ambiente en su función de retorno, sino por constituir un hábitat adecuado para los microorganismos por razones de humedad, oscuridad y temperatura, siendo un caldo de cultivo ideal y favoreciendo así la proliferación de hongos, virus, bacterias y ácaros que pudieran ser incorporados al sistema por algún portador contaminado (visitante o residente).

Resulta evidente que también se encontrarán afectados por el síndrome aquellos edificios en los que las moquetas, cortinas y muebles sirvan de vivero a hongos o bacterias perjudiciales para la salud, las resinas utilizadas en los muebles emitan compuestos tóxicos o en los que, a pesar de tener la temperatura interior adecuada, se produzcan corrientes de aire. Asimismo los malos olores, pueden llegar a producir fatiga en el empleado así como un rechazo frontal del cliente a la hora de elegir un restaurante, una escuela infantil o guardería o bien un geriátrico para un familiar directo.

Los olores nos ayudan a crear imágenes visuales respecto a personas, lugares de ocio o entretenimiento y los propios hogares. Cuando nos creamos una imagen, ésta a su vez está asociada a una idea o concepto que puede ser positivo o negativo en función del rechazo o aceptación que muchas veces los olores provocan.

Es importante, cuando ofrecemos y hablamos de los beneficios y ventajas del ozono, explicar a los dueños o responsables de los negocios del canal Horeco, es decir hoteles, restaurantes y colectividades, lo que sus negocios pueden proyectar en la mente de sus clientes.

Puedes cocinar muy bien, tener un servicio maravilloso, una decoración fantástica y una ubicación perfecta, pero si fallan los olores, el valor percibido por el cliente merma de forma considerable.

Por poner un ejemplo: si cualquiera de nosotros va a un restaurante y antes de empezar a degustar los alimentos va a lavarse las manos, y por falta extrema de limpieza, descuido o bien porque la persona que utilizó los servicios antes que nosotros se descuidó y no tiró de la cadena, en este caso, decíamos, la imagen que nos proyectará este restaurante es negativa, de poca limpieza y en muchos casos de gestión sucia o descuidada. De seguro el gestor del restaurante no está interesado en proyectar ni vender esta imagen de su negocio a los clientes, y probablemente ni siquiera es consciente de que está ocurriendo.

Esta realidad es notoria y muchas veces es difícil hacer ver a los gestores o propietarios de negocios las grandes ventajas que el uso de la tecnología del ozono aporta a sus locales de forma clara y con valor inmediato en su cuenta de resultados.

4.1. FACTORES QUE AFECTAN A LA CALIDAD DEL AIRE EN LOS ESPACIOS CERRADOS:

A modo de resumen, se puede concluir que las deficiencias más frecuentemente encontradas son consecuencia de alguno de los factores siguientes:

a) Una ventilación inadecuada.

Motivada, principalmente, por una deficiente filtración del aire debido a una limpieza y mantenimientos incorrectos o a un inadecuado diseño del sistema de filtración.

b) La contaminación interior.

Puede tener como origen al propio individuo, el trabajo, la utilización inadecuada de productos (plaguicidas, desinfectantes, limpieza, abrillantado), los gases de combustión (tabaco, cafeterías, laboratorios) y la contaminación cruzada procedente de otras zonas poco ventiladas que se difunden hacia lugares próximos y los afectan.

c) La contaminación exterior.

Entrada en el edificio de humos de escape de vehículos, gases de calderas, productos utilizados en trabajos de construcción y mantenimiento (asfalto, por ejemplo) y aire contaminado previamente desechado al exterior, que vuelve a entrar a través de las tomas de aire acondicionado. Otro origen pueden ser las infiltraciones a través del basamento (vapores de gasolinas, emanaciones de cloacas, fertilizantes, insecticidas, incluso dioxinas y radón). Está demostrado que al aumentar la concentración en el aire exterior de un contaminante, aumenta también su concentración en el interior del edificio, aunque más lentamente, e igual ocurre cuando disminuye. Por ello se dice que los edificios presentan un efecto de escudo.

En cuanto a la naturaleza de los contaminantes presentes en un edificio, se pueden clasificar en:

1.-PRODUCTOS QUÍMICOS

a)　Procedentes de combustiones:

La presencia de cierto número de contaminantes químicos en el interior de un edificio es debida a productos procedentes de combustiones. La utilización de cocinas, estufas, secadoras, refrigeradores y quemadores de fuel-oil facilita la presencia de óxidos (CO, CO2, NO, NO2 y SO2) en el aire. Algunos de estos contaminantes pueden llegar al aire a partir de fuentes exteriores debido a tomas de aire inadecuadas. Entre todos ellos destacan por su frecuencia los siguientes:

Monóxido de carbono:

El monóxido de carbono se forma por combustión incompleta de sustancias que contienen carbono. Su presencia en medios no industriales es debida a la emisión por motores de combustión interna en garajes dentro del edificio, la toma inadecuada de aire fresco exterior y el fumar. Tiene un efecto asfixiante al unirse a la hemoglobina de la sangre (formando carboxihemoglobina) y disminuir la capacidad de aporte de oxígeno hasta los tejidos.

Humo de tabaco:

Dentro de los principales contaminantes de ambientes interiores merece especial mención el humo de tabaco. Su naturaleza ubicua en lugares cerrados hace inevitable que los no fumadores lo inhalen involuntariamente.

El hecho de fumar representa la liberación en el aire de una mezcla compleja de productos químicos (más de 3000 contaminantes conocidos). Además de monóxido de carbono, dióxido de carbono y partículas, se producen óxidos de nitrógeno y una amplia variedad de otros gases y compuestos orgánicos entre los que destacan aldehídos, tales como formaldehído y acroleína, hidrocarburos aromáticos policíclicos, incluído benzoapireno (BAP), nicotina, nitrosaminas, cianuro de hidrógeno, cetonas y nitrilos, así como cantidades apreciables de arsénico y cadmio.

El humo de tabaco es, pues, una mezcla dinámica y compleja de más de 3.000 productos químicos que se encuentran tanto en una fase de vapor como en partículas.

Los contaminantes gaseosos de las fuentes de combustión incluyen los "atmosféricos prominentes", ya citados (monóxido de carbono, dióxido de carbono) y además dióxido de nitrógeno (NO_2) y dióxido de azufre (SO_2). Los tejidos de nuestro organismo con más necesidad de oxígeno, como el miocardio, el cerebro y los músculos que se ejercitan, son los más afectados por estos atmosféricos internos.

b) Procedentes de materiales empleados en la construcción

La utilización de materiales inadecuados así como con defectos técnicos puede ser una causa habitual de la contaminación del aire interior. Entre los productos químicos detectables por esta causa en ambientes interiores destacan los

Compuestos orgánicos volátiles (COV):

Formaldehído: el formaldehído se emplea extensamente en la formulación de plásticos, especialmente en las resinas de melamina-formaldehído, urea-formaldehído y fenol-formaldehído usadas como aislantes térmicos y barnices. Una inadecuada formulación, un mal curado, así como la degradación producida con el paso del tiempo, son las causas de la emisión de este compuesto al aire ambiente. El formaldehído puede ocasionar irritación en las vías respiratorias y alergias y está considerado como una sustancia sospechosa de inducir procesos cancerígenos.

Disolventes: Otros materiales de construcción que pueden ser fuente de contaminación por generación de compuestos químicos en el aire del interior de un edificio son los muebles y elementos de decoración de madera y caucho, los agentes sellantes, colas, barnices, y materiales textiles. Entre los disolventes detectados con una mayor frecuencia se hallan: tolueno, xilenos, etilbenceno, trimetilbencenos, propilbencenos, n-nonano, n-decano, n-undecano e hidrocarburos clorados, entre ellos freones y 1,2-dicloroetano.

c)   Procedentes de productos de consumo:

Los productos de consumo llegan continuamente a través del propio usuario. Incluyen productos utilizados ya en la construcción, tales como pinturas, de base acuosa (pueden contener mercurio como fungicida) y de aceite (hidrocarburos), barnices, plásticos, colas, disolventes, productos para sellado (muchos contienen anhídrido acético) y recubrimiento, fibras textiles, papel de pared y colas para empapelar, así como otros nuevos como plaguicidas y repelentes (incluido el vehiculizante), productos de limpieza en general (incluyendo quitamanchas, limpia hornos y jabones para muebles y alfombras) y siliconas abrillantadoras, cosméticos, desodorantes, lacas para el pelo, etc. Aparte de los compuestos orgánicos ya citados en materiales de construcción, entre los productos de consumo destacan los que pueden agruparse como plaguicidas.

Plaguicidas:

En este grupo se incluye una gran variedad de dicumarinas, organofosforados, carbamatos o hidrocarburos clorados que se usan contra insectos, roedores y el crecimiento microbiológico. Mientras algunos son volátiles y tienen un tiempo de residencia limitado, otros pueden acumularse en el polvo y redistribuirse. Se desconocen los efectos para la salud asociados a exposiciones prolongadas a bajas concentraciones de muchos pesticidas y sus subproductos.

2.-LA CONTAMINACIÓN BIOLÓGICA

Este tipo de contaminación puede, en determinados casos, provocar una situación sanitaria delicada. En cuanto al tipo de microorganismos, que pueden contribuir al SEE se cuentan las bacterias, hongos, virus y protozoos.

Las fuentes más comunes de contaminación son las constituidas por las fuentes de crecimiento biológico, las colchonetas o planchas de materiales aislantes húmedos, las alfombras o moquetas, las placas de cielo falso, los papeles o cubre-muros, el mobiliario, las aguas estancadas en los acondicionadores de aire, las torres de enfriamiento, humidificadores, deshumectadores, bandejas receptoras de condensado y otros.

Las personas, los animales domésticos o mascotas, las plantas y los insectos pueden servir como portadores de agentes biológicos hacia el interior de los edificios, o bien como fuentes potenciales de los mismos.

Vemos, pues, que el aire es un reservorio importante de microorganismos, un vector que los transporta, procedentes del exterior o de la actividad desarrollada en el local, por lo que la instauración de un control microbiológico del aire constituye una herramienta de supervisión imprescindible para la prevención de riesgos de bio-contaminación.

El control microbiológico llevado a cabo por Cosemar Ozono tiene por finalidad asegurar la calidad ambiental del lugar estudiado en las condiciones y fechas de realización del estudio.

Para ello se emiten, tras la finalización del mismo, los informes pertinentes declarando el estado del aire interior desde el punto de vista microbiológico, así como una recomendación de acciones correctoras en caso de hallarse la tasa microbiana por encima de las Recomendaciones de la Organización Mundial de la Salud para ambientes interiores, considerándose el nivel de aceptabilidad por debajo de 500 ufc/m3.

Durante los últimos quince años se han realizado numerosas publicaciones que asocian varios síntomas alérgicos, respiratorios y neurológicos al ambiente cerrado de edificios, tanto en Madrid como en España y Europa.

Se ha sugerido una correlación entre el SEE y los procesos de enfriamiento y humidificación en aire con la contaminación microbiana, así como con el desarrollo de hongos poco frecuentes, lo que hace que se asocie, aunque no de forma concluyente, este síndrome con los bio-aerosoles.

Para explicar la producción de aerosoles biológicos debe hacerse referencia a los conceptos de reservorio, multiplicador y diseminador. Un reservorio es un medio que reúne una serie de condiciones que permiten a los microorganismos sobrevivir en un determinado entorno, mientras que el multiplicador favorece que se reproduzcan y el diseminador actúa como introductor de los microorganismos y de sus metabolitos en el aire.

Los bio-aerosoles son partículas transportadas por el aire, constituidas por seres vivos o moléculas de gran tamaño que han sido liberadas por un ser vivo. El diámetro de las partículas constitutivas de los aerosoles oscila desde el submicroscópico

(<0,1 µm), hasta el superior a los 100 µm.

La mayoría de los bio-aerosoles son complejos en cuanto a la naturaleza de sus componentes, de modo que pueden estar constituidos por bacterias, hongos, protozoos, virus, etc., y/o diversas estructuras y compuestos consecuencia de su desarrollo o actividad.

En los últimos años los problemas de contaminación biológica en ambientes interiores han recibido una importante atención, admitiéndose en general, como hemos indicado anteriormente, que los microorganismos presentes en el aire interior pueden causar problemas de naturaleza infecciosa y alérgica. Básicamente los efectos que pueden causar los distintos contaminantes biológicos presentes en el ambiente interior de un edificio sobre la población expuesta son:

- **Virus**: infecciones, aunque necesitan ser huéspedes de un ser vivo (célula) para desarrollarlas.

- **Bacterias**: infecciones.

- **Polen**: alergias.

- **Hongos y sus esporas**: alergias, aunque algunos hongos son capaces de producir unas sustancias tóxicas denominadas micotoxinas. Un ejemplo de estas últimas son las aflatoxinas.

- **Protozoos**: ocasionan lo que se ha dado en llamar "Fiebre del Humidificador"

Las bacterias, ocupan los más diversos hábitats, habiéndose aislado en los sistemas de aire acondicionado así como en ambientes interiores, entre otras muchas, especies que pueden ser origen de enfermedades de distinta consideración para el Hombre, como es el caso de *Pseudomonas, Flavobacterium, Streptococcus, Staphilococcus, Legionella*, etc.; tal vez sea ésta última la que en más ocasiones ha llegado a producir trastornos fatales.

Las especies de hongos aislados en los edificios y catalogados como más peligrosos pertenecen al género Aspergillus (*A. niger, A. fumigatus*) que generalmente produce infecciones pulmonares; habiendo sido localizados, al igual que las bacterias, tanto en aire interior como en los conductos de aire acondicionado.

Los protozoos, constituyen otro tipo de contaminación biológica capaz de desarrollar colonias en el agua de humidificadores, dispersándose en forma de aerosoles. Asimismo, pueden ser parasitados por bacterias presentes en sus inmediaciones, haciéndolas de esta manera inaccesibles a los biocidas sin acción frente a los protozoos.

Con todo lo expuesto anteriormente, se puede concluir que los dos problemas de mayor envergadura en el caso del SEE son los constituidos por los microorganismos y los compuestos químicos que pueden contaminar el aire interior de los edificios en el caso de un mal diseño o un mantenimiento incorrecto de las instalaciones.

Llevamos más de 25 años demostrando en CosemarOzono como el ozono gracias a su naturaleza y gran poder de desinfección, siempre y cuando esté controlado por un equipo de profesionales representa una solución segura y eficaz para los problemas de higiene ambiental y alimentaria.

4.2. SEGURIDAD DEL USO DE GENERADORES DE OZONO EN EL TRATAMIENTO DEL AIRE

Se ha hablado y escrito mucho sobre la bondad y necesidad de utilizar el ozono en procesos de descontaminación de aire y agua, así como en procesos de desodorización en general; se ha escrito mucho menos sobre toxicidad, pero también existe suficiente bibliografía sobre este tema. Todo ello ha llevado a los diferentes países avanzados a establecer unas condiciones y unos máximos y mínimos para la exposición de personas a bajas concentraciones de ozono ya que podría resultar tóxico a elevadas concentraciones y durante períodos de exposición prolongados; realmente lo mismo podríamos decir del oxígeno y es un gas vital para el ser humano.

Hoy en día, por ejemplo, ya no se discute en los congresos de ozono si debe utilizarse o no en desodorización, sino en qué rango de concentraciones actúa, sobre qué olores y cuáles son los límites de concentración máximos permisibles. Asimismo tampoco se cuestiona como el mejor desinfectante en las instalaciones de agua potable.

En general, en las bibliografías químicas, al hablar de ozono se mezclan los conceptos de toxicidad relativos a los estados sólido y líquido del gas, estados que prácticamente nunca son utilizados y en los que, a semejanza de casi todos los gases, incluyendo el oxígeno, estos son tóxicos letales.

Pero en estado gaseoso, que es la forma utilizada para descontaminación, desinfección y desodorización de aire y agua, su toxicidad dependerá de la concentración de ozono (O_3) en el aire respirable. Y nos permitimos insistir en el hecho de que igualmente ocurre con el oxígeno y con otros muchos gases y compuestos químicos que, en función de la cantidad o concentración en que sean inhalados o ingeridos, resultan beneficiosos o perjudiciales para la salud.

De hecho, el uso del ozono como desinfectante de aire de interiores está regulado por la norma española UNE 400-201-94, recomendaciones de seguridad en generadores de ozono para tratamiento de aire, basándose en las Recomendaciones al respecto de la Organización Mundial de la Salud (OMS).

Para ver un testimonio de cómo nuestra tecnología puede mejorar la calidad del aire en ambientes interiores, sigue el enlace:

http://www.youtube.com/watch?v=TSP8F5xe9OQ

5 BENEFICIOS DEL OZONO EN LA INDUSTRIA ALIMENTARIA

Si buscas resultados distintos, no hagas siempre lo mismo.
Albert Einstein

La alimentación constituye para todo ser vivo una exigencia básica en la realización de las funciones normales que definen su existencia. Desde una minúscula bacteria hasta el ser humano, todos estamos atados a la necesidad de proporcionar energía a los mecanismos que nos hacen funcionar.

Sin embargo, los alimentos que tan necesarios resultan, pueden ser un foco de enfermedades e, incluso, de muerte, ya que los tejidos superficiales de las carnes, pescados, frutas y verduras de consumo humano, además de los utensilios y equipos empleados en su manipulación, son un medio excepcional para la proliferación de microorganismos patógenos. Así, en los países desarrollados cada vez se da más importancia a aquellos agentes de enfermedades que surgen en los alimentos como consecuencia de su manipulación.

El alargamiento en la cadena desde el momento en que se produce el sacrificio, pesca o recolecta, hasta que el alimento es consumido, implica un aumento en el riesgo de contaminación del mismo, por lo que es imprescindible un estricto control de las condiciones sanitarias de los productos en cada etapa. Este control permite, a la vez, la obtención de alimentos más seguros y el ahorro de las grandes pérdidas económicas consecuencia del deterioro de los alimentos.

Para que un alimento sea considerado seguro, se tendrán en cuenta las condiciones generales de uso del alimento por los consumidores y cada fase por la que haya pasado: **producción, transformación y distribución**, considerando en cada una de ellas:

- Higienización.
- Buenas prácticas de elaboración.
- Mantenimiento preventivo.
- Identificación de productos.
- Programas de educación de los empleados

Este conjunto de medidas preventivas es el llamado **Análisis de Peligros y Puntos Críticos de Control** (APPCC), que además proporciona documentación de los procesos en relación a la seguridad, ayuda a demostrar el cumplimiento de las normas y legislación y, lo más importante, aporta medios para prevenir errores de control en la seguridad e inocuidad de los productos acabados.

Dentro de estas prácticas, una de las más importantes es la **higienización**, para la que proponemos el sistema más eficaz, seguro y respetuoso con el medio: la ozonización. El **ozono**, merced a su alto poder oxidante, elimina los microorganismos, tanto patógenos como oportunistas, presentes en los alimentos sin dejar agentes químicos residuales.

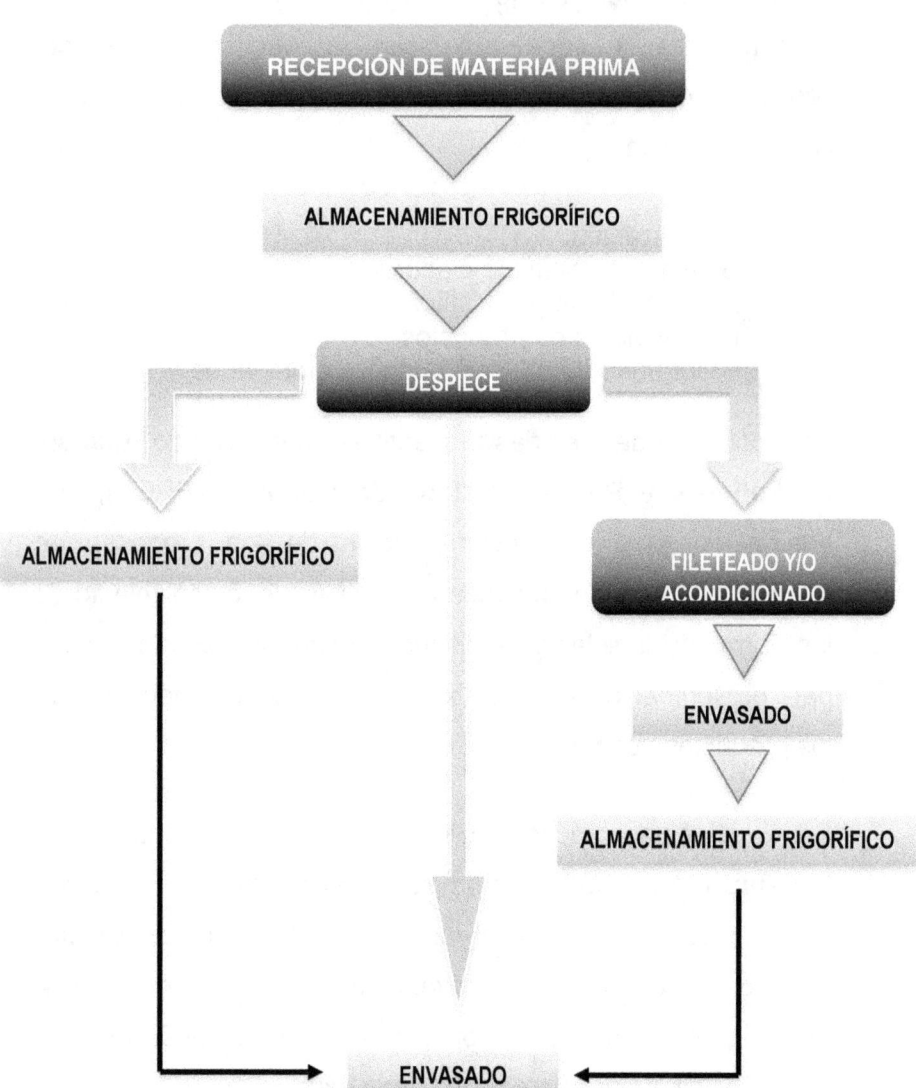

5.1. REACCIONES DE OXIDACIÓN-REDUCCIÓN

La base de la acción bactericida de cualquier agente suele ser la oxidación de componentes fundamentales para la supervivencia de los microorganismos.

La capacidad de oxidar con mayor o menor facilidad dichas estructuras marca la diferencia, en cuanto a eficacia, de los distintos compuestos utilizados normalmente en la desinfección, y viene definida por el denominado

POTENCIAL REDOX.

El término se refiere a la carga eléctrica de una molécula que ha sido formada en una reacción química de oxidación-reducción, y se encuentra disuelta en un medio acuoso.

Las reacciones de oxidación-reducción son aquellas en las cuales se produce una transferencia de electrones (cargas negativas de los átomos). En toda reacción de este tipo existe un agente oxidante que se reduce (gana electrones) y un agente reductor que se oxida (pierde electrones). Por ejemplo, el nitrógeno se oxida en una molécula de nitrato y se reduce en una molécula de amonio.

El potencial redox expresa, pues, la tendencia de un medio respecto a reacciones químicas de oxidación o de reducción, al medir la cantidad de cargas positivas y negativas, o lo que es lo mismo, las moléculas oxidadas y reducidas presentes en una disolución determinada. Una cantidad igual de moléculas oxidadas y reducidas presentes en una solución, dan un valor del potencial redox expresado en milivoltios (mV) de O_2. Es decir, si impera un medio reductor, el potencial redox es negativo, y si lo hace un medio oxidante, el potencial redox es positivo.

Hay tres elementos, **ozono,** cloro y oxígeno, cuyos átomos necesitan fuertemente captar electrones, constituyéndose así como poderosos oxidantes.

En un principio se había convenido llamar reacciones de oxidación a aquellas en que el oxígeno se combina o reacciona con otras sustancias, y reacciones de reducción a aquellas otras en que se produce una pérdida de oxígeno por parte de un compuesto que, en general, reacciona con hidrógeno. No obstante, es evidente que existen reacciones de oxidación en las que no interviene el oxígeno, por lo que se recurrió a una definición general basada en los electrones que intervienen en el proceso.

Cabe decir, pues, que los cambios en la distribución de los electrones son la causa de estos fenómenos, independientemente del oxígeno. Así, por ejemplo, en un medio puede haber oxígeno a saturación y, sin embargo, por acumulación de moléculas reductoras, verse el potencial redox disminuido peligrosamente.

Los compuestos reductores suelen ser sustancias orgánicas primarias, compuestos de proteínas que forman parte de la cubierta de los microorganismos, sustancias de desecho y restos; es lo que se conoce como "materia orgánica" y son compuestos que consumen oxígeno, indicando contaminación, tanto en alimentos como en agua.

Así pues, un potencial redox bajo (negativo), indica la presencia de contaminación, mientras que un alto potencial redox en un medio indica que éste posee una acción destructora veloz y automática de las moléculas tóxicas (reductoras) presentes en los alimentos.

Los compuestos oxidantes, como el **ozono**, disminuyen drásticamente los niveles de elementos reductores en los alimentos al aumentar el potencial redox del medio en el que se encuentran.

POTENCIAL REDOX FRENTE A CONCENTRACIÓN DE OZONO

Condiciones:
Agua clorada de la red
Presión: 4 Kg/cm^2
Temperatura: 10°C

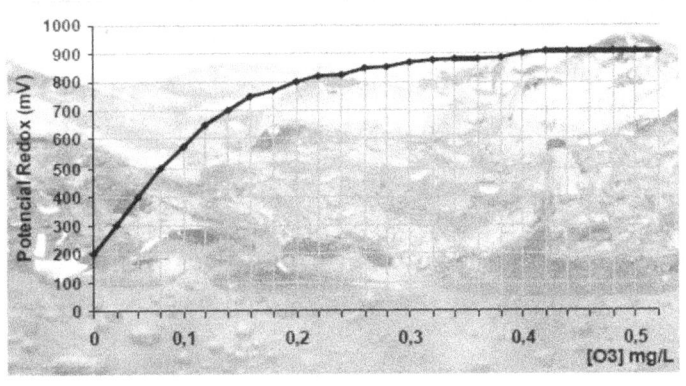

200 a 400 mV → Vida piscícola
400 a 600 mV → Agua de consumo
600 a 750 mV → Agua potabilizada
> 750 mV   → Agua estéril

Estos valores se refieren a agua libre de carga orgánica, por lo que pueden sufrir cambios dependiendo de la pureza y los residuos que presente el agua a tratar.

5.2. HIGENIZACIÓN DE LOS ALIMENTOS

Es el sistema de ducha el que garantiza la calidad higiénica de los alimentos, realizándose esta etapa tras el eviscerado de carnes y pescado y en el lavado de frutas y verduras.

A fin de asegurar una correcta higienización, resulta imprescindible controlar en la ducha tres variables: **la presión** de agua en los microdifusores, **el tiempo** de contacto del agua con el alimento, y la concentración de agente bactericida o **potencial redox** del agua, garantía de la calidad total. Es de vital importancia que las boquillas o microdifusores estén orientadas en diferentes direcciones (laterales, hacia arriba), de manera que resulten lavadas todas las superficies del alimento, tanto externas como internas.

Se aconseja un breve lavado a presión y manual. Las reacciones de oxidación-reducción cobran una importancia crucial para que se pueda garantizar una producción uniforme.

Como ya ha sido expuesto, un alto potencial redox en agua, garantiza su pureza, al constituir éste un valor que determina el nivel de eficacia de ese agua en la eliminación de los microorganismos presentes en los alimentos lavados con ella. También se debe al alto nivel de potencial redox la escasa presencia de materia orgánica que, de esta manera, no puede servir de sustrato a los microbios.

Por lo tanto, un aspecto importante del potencial redox es su interrelación con el concepto de esterilización, habiéndose establecido el efecto esterilizante a 750 mV. Así, el potencial redox es un indicador del grado de contaminación de un agua y del poder germicida de la misma. Un potencial redox de 200 mV, indica que toda la gama de gérmenes posibles está presente en dicho agua. Sin embargo, simplemente pasando de 200 a 300 mV, los gérmenes se reducen del 90% al 10%. Si se aumenta el potencial a 400 mV, únicamente el 1% de los gérmenes originales estará presente.

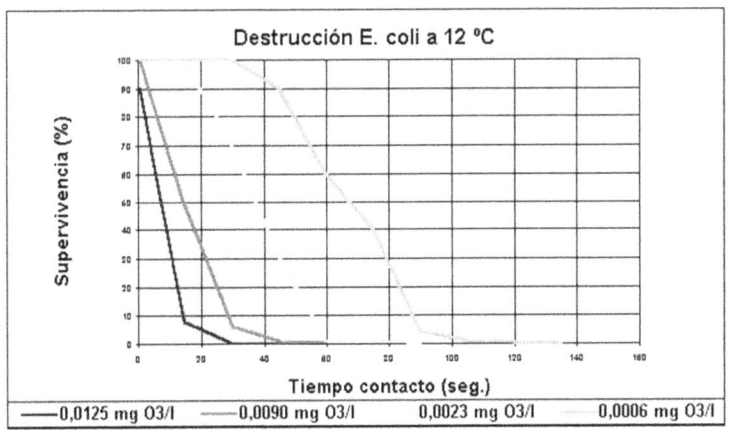

Fig. 1. *Estudio de la destrucción de Escherichia coli en función del tiempo con diferentes concentraciones de ozono.*

Las redes urbanas de agua potable trabajan, por ley, con valores superiores a 700 mV. El ozono, como agente oxidante, constituye uno de los más eficaces desinfectantes, al ser su potencial de oxidación de 2.070 mV frente a los 1.360 mV del cloro.

5.3. CONSERVACIÓN DE ALIMENTOS

Poco se lograría en materia de desinfección de alimentos si, una vez higienizados mediante un correcto lavado, se volvieran a contaminar durante su almacenaje o transporte. Resulta imprescindible, pues, en estas fases posteriores, un control estricto de las condiciones sanitarias, tanto de los alimentos como de los recipientes y lugares de almacenaje.

QUÉ APORTA EL OZONO EN EL ALMACENAJE DE ALIMENTOS

Tanto en almacenes como en cámaras frigoríficas, también en este aspecto demuestra ser útil el ozono, ya que al poder ser aplicado en aire, proporciona una atmósfera en la que los compuestos reductores son eliminados. Por otra parte, la descomposición rápida del ozono, debido a la elevada humedad relativa, permite que en cámaras de almacenamiento donde sean necesarias altas concentraciones de este elemento, el personal pueda trabajar sin peligro alguno inmediatamente después de haber cesado la producción de O_3.

Esta aplicación del ozono, además de ayudar a garantizar la seguridad de los productos, constituye una importante ventaja económica al conseguir prolongar la vida media de estos: el ozono actúa en su superficie eliminando o impidiendo la multiplicación de los microorganismos responsables de la putrefacción que, habitualmente, descomponen los alimentos y cuya presencia se hace patente por el aspecto brillante que trasmiten a la superficie del producto (carnes y pescados); en otros casos (frutas, derivados de bollería) aparecen mohos que acaban fermentando el producto y cuyo crecimiento se ve, asimismo, inhibido por la presencia de ozono. Así por ejemplo, el ozono controla el crecimiento del Mildew azul, presente normalmente en los almacenamientos en frío al crecer a 0ºC, y que comunica un sabor y olor característico a la fruta. Otra ventaja añadida en estos casos la constituye el hecho de que la humedad relativa óptima para la aplicación del ozono está entre el 90 y 95%, por lo que se pueden controlar efectivamente los microorganismos de superficie, evitando su crecimiento, sin que el fruto pierda peso.

A la hora de considerar el tiempo de almacenaje de frutas y verduras, no se puede pasar por alto el papel del **etileno**. Este compuesto químico aparece en los vegetales como consecuencia del proceso normal de maduración, que su presencia acelera en las frutas clasificadas como climatéricas.

En la actualidad, los frutos se clasifican en climatéricos o no climatéricos según la maduración sea o no regulada principalmente por el etileno, un gas que actúa como fitohormona. Todos los frutos, al igual que cualquier órgano vegetal, producen etileno. Pero durante la maduración, algunos frutos denominados climatéricos incrementan grandemente la producción de etileno mientras que otros, denominados no climatéricos, mantienen la tasa de producción de etileno casi invariable. En los primeros, el etileno es responsable de la coordinación del proceso de maduración, en los segundos no.

CLIMATÉRICOS	NO CLIMATÉRICOS
Manzana	
Albaricoque	Cereza
Aguacate	Calabaza
Plátano	Uva
Chirimoya	Pomelo
Higo	Piña
Melón	Limón
Melocotón	Naranja
Pera	Mandarina
Tomate	Fresa
Sandía	

El ozono reacciona rápidamente con el etileno, formando inicialmente un producto intermedio, el óxido de etileno, que pasa posteriormente a dióxido de carbono y agua, conteniendo de esta manera el proceso.

Por otra parte, el óxido de etileno así formado es un efectivo inhibidor de mohos, levaduras y bacterias, principalmente en los frutos secos, especias y piensos.

Sin embargo, la hidrólisis del óxido de etileno en las superficies húmedas de los alimentos en presencia de cloro puede producir clorhidrinas, que se hidrolizan en dietilenglicol, productos tóxicos bajo ciertas circunstancias. Al sustituir la desinfección con cloro por la ozonización, estos compuestos químicos no se encuentran nunca en los alimentos conservados con ozono.

En la tabla 1 se reflejan los datos obtenidos en diversos estudios sobre el aumento del tiempo de vida de distintos alimentos almacenados con tratamiento de ozono respecto al almacenaje habitual.

ALIMENTOS	AUMENTO DEL TIEMPO DE VIDA	CONDICIONES DE ALMACENAMIENTO
Pescado fresco	50 a 80 % (3/5 días)	Hielo esterilizado con O_3
Salmón	50 % (2/3 días)	Hielo esterilizado con O_3
Atún y caballa	1 a 2 días	Bañado en 30% CINa conteniendo 0,6 mg O_3/L durante 30 a 60 min.
Carne fresca	Indeterminado	0,6 mg O_3/m^3 a 0,3 ºC.
Carne congelada	30 a 40 %	0,4 ºC; 85/90 % HR; 10-20/ mg O_3/m^3. Con recuento microbiano inferior a 103/ cm^2.
Aves de corral	2,4 días	Inmerso durante 20 min. en agua fría con 3,88 mg O_3/L.
Bananas	Sustancial	Unas pocas ppm O_3 a 12 ºC si el fruto no está cercano a su periodo de maduración rápida.
Fresas, grosellas, frambuesas y uvas.	100 %	2 a 3 ppm/O_3 continuamente o algunas horas al día.

ALIMENTOS	AUMENTO DEL TIEMPO DE VIDA	CONDICIONES DE ALMACENAMIENTO
Manzanas	Diversos, según tipo	4 mg O_3/m^3
Naranjas	Indeterminado	80 mg O_3/m^3
Patatas	6 meses	3 mg O_3/L; 6 a 14 ºC; 93-97% HR.
Huevos	8 meses	1,2 mg O_3/m^3; 31 ºC; 90% HR.
Quesos	63 días	0,4 a 0,6 mg O_3/m^3

Tabla 1.- Aumento del tiempo de almacenaje de alimentos aplicando *ozono*

5.4. LA OZONIZACIÓN EN EL TRANSPORTE

El transporte moderno en contenedores y las nuevas tecnologías en la generación de ozono permiten un gran avance en el uso de este gas para la conservación de alimentos perecederos en esta fase. La posibilidad de dotar a los medios de transporte de generadores de ozono miniaturizados en baterías, significa que pueden ser utilizados en camiones frigoríficos, contenedores, vagones de ferrocarril, barcos, etc., lugares donde actuará como bactericida y funguicida, según se ha descrito previamente, aportando las ventajas ya especificadas.

Mención especial merece la aplicación del ozono en las bodegas de congelación o conservación de pescado en los barcos pesqueros. Con una adecuada ozonización se elimina la totalidad de los mohos existentes en los depósitos, consiguiendo, además, una esterilización del agua. Esto permite utilizarla tanto para beber (no hay que olvidar que uno de los problemas más importante en la náutica es el consumo de agua potable) como para otros menesteres, como por ejemplo, lavar el pescado con agua ozonizada (esterilizada) antes de introducirlo en la cámara.

Vemos, pues, que con una aplicación adecuada del ozono se consigue una esterilización del aire en el interior de las cámaras –tanto de transporte como de almacenaje- suficiente para que los alimentos se mantengan bacteriológicamente limpios, al impedirse el que los agentes contaminantes que pudiera contener el aire afecten a los productos almacenados, además de lograrse un aumento en la vida media de los mismos.

5.5. EL OZONO EN EL CONTROL DE OLORES

Además de los problemas más importantes, en el aspecto sanitario, de contaminación y conservación apropiada de los alimentos, otro de los grandes inconvenientes que se plantea en el mercado de la alimentación es el de los olores.

En grandes almacenes, esta cuestión genera una dificultad añadida: la falta o desaprovechamiento de espacio debido a la mezcla de olores. Pues bien, el ozono actúa sobre los agentes productores de olores, moléculas químicas con dobles enlaces, rompiendo su estructura por oxidación, con lo que se evita la indeseable mezcla de olores y sabores de productos diferentes.

Además, la ozonización continua de los cuartos frigoríficos puede ser efectuada en combinación con el sistema de enfriamiento central del aire, mediante la aplicación conjunta de unidades de enfriamiento separadas para cada área de almacenamiento, y generadores de ozono independientes del sistema.

Existe una amplia bibliografía científica sobre la aplicación de ozono en alimentos, referida tanto a tratamientos en agua como en aire, según se refleja en la tabla 2, en la que se recoge una muestra de publicaciones científicas sobre el particular a lo largo de las últimas décadas:

Salmonella en carcasas de pollo	- *Caracciolo, 1990*
Agua de enfriamientos de pollo	- *Ark. Ag. Exptl. Sta., 1997*: >90% de reducción de *E.coli* y Coliformes.
Incubadora de pollo: desinfección en aire	- *Whistler y Sheldon, 1989:* > de 4-7 logs de reducción de bacterias y hongos.
Manzanas en almacenamiento	- *Smock y Watson, 1942*: reduce y elimina mohos.
Almacenamiento de moras	- *Barth et al., 1995*: elimina el crecimiento fúngico durante 12 días.
Almacenamiento de uvas	- *Sarig et al., 1996*: reduce mohos.
Fresas	- *Lyons-Magnus, 1999*: reducción de *E. Coli.*
Lechuga	- *Kim et al., 1999:* reducción de 3 a 4 log del recuento.

Fideos crudos japoneses	- *Maito et al., 1989*: aumenta de 2 a 5 veces el tiempo de almacenamiento.
Aire de confitería	- *Nitoh, 1989*: bajan los recuentos de bacterias y hongos ambientales en un 50%.
Higienización de equipos para el procesamiento de vino	- *Hampson, 2000*: reduce el recuento en placa entre un 63,2% y 99,9%.
Lavado de brócoli, zanahorias y coliflor	- *Hampson et al., 1994*: reducción de 3 log, 2 log y 1-2 log.
Lavado de repollo	- *Kondo et al., 1989*: >90% de reducción en el recuento total de bacterias.

Tabla 2.- Bibliografía sobre la aplicación de ozono en alimentos (tratamientos en agua y aire).

4.6. REQUISITOS DEL BIOCIDA IDEAL EN ALIMENTOS

Lo expuesto hasta el momento nos lleva a aseverar que el ozono es el biocida ideal para ser utilizado dentro de un programa APPCC (Análisis de Peligros y Puntos Críticos de Control), en la descontaminación de alimentos, utensilios y maquinarias. Con ello se lograría evitar el deterioro y contaminación del alimento por parte de microorganismos, así como proteger contra cualquier foco de infección todos los productos que se manipulen, almacenen, envasen y transporten, lo que redundaría en una mayor seguridad de los mismos. De esta manera se llegaría asimismo a la reducción de los costes ocasionados por el control de enfermedades provocadas por alimentos contaminados.

A la hora de asesorar sobre un tratamiento de descontaminación de alimentos, se deben considerar los siguientes aspectos sobre el biocida a utilizar:

- Amplia eficacia
- Cambios en la microflora
- Potencial para la introducción de otros elementos peligrosos
- Potencial de peligrosidad para los trabajadores
- Impacto sobre el medio ambiente
- Efectos sobre las propiedades y calidad de los productos
- Percepción por parte del consumidor del biocida

Muchas de estas recomendaciones son incumplidas al utilizar un producto tan generalizado en la desinfección como el cloro. De entre las anteriores consideraciones que resultan infringidas por el cloro la más importante, por las graves consecuencias que pueden derivarse de ello, es la referente al potencial de generar elementos peligrosos, ya que el cloro da lugar a trihalometanos (THM), de probado carácter cancerígeno.

En cuanto al manejo por parte de los trabajadores, este compuesto químico presenta altos riesgos, no sólo en su aplicación sino también en su transporte y almacenamiento.

Por otra parte, el cloro tiene asimismo un gran impacto en el medio, en primer lugar debido a que necesita de envases para su transporte y almacenamiento que, posteriormente, deben ser desechados de manera especial y, en segundo lugar, por que el sobrante, tras su aplicación, debe ser diluido a fin de ser eliminado por el desagüe en función de los límites establecidos. Aún así, la dilución del cloro tampoco pasa por ser una solución adecuada para minimizar el impacto ambiental de éste, ya que por una parte se produce un gasto excesivo de agua para conseguir la dilución adecuada y por otra, el cloro no deja de permanecer en ella.

Estos hechos han suscitado la búsqueda, por parte de los productores, de nuevas alternativas efectivas para la higienización del alimento y que eviten los inconvenientes del cloro.

El ozono se erige así en una alternativa eficaz, ya que se descompone sin dejar rastro de elementos que puedan ser perjudiciales para la salud o el medio, además de no ceder ningún sabor al alimento.

En el Codex Alimentario, el ozono viene definido por tener un uso funcional en alimentos como agente antimicrobiano y desinfectante, tanto del agua destinada a consumo directo, del hielo, o de sustancias de consumo indirecto, como es el caso del agua utilizada en el tratamiento o presentación del pescado, productos agrícolas y otros alimentos perecederos.

A pesar de esta definición y de que desde hace varios años este compuesto se viene considerando como **seguro para**

alimentos (GRAS: Generally Recognized as Safe), no fue hasta el año 2001cuando la FDA (Administración Americana de Alimentos y Drogas) lo incluyó como agente antimicrobiano de uso alimentario. Esta autorización permite que el ozono pueda ser utilizado en forma gaseosa o líquida en el tratamiento, almacenaje y procesado de alimentos, incluyendo carne y pollo.

La aprobación por parte de la FDA se hace efectiva de acuerdo con las siguientes condiciones:

- El aditivo es un gas inestable, incoloro, con un olor picante característico, que aparece libremente en la naturaleza. Se produce de manera comercial pasando descargas eléctricas o radiación ionizante a través del aire u oxígeno.
- El aditivo es utilizado como un agente antimicrobiano tal y como se define en este capítulo.
- El aditivo cumple las especificaciones para el Codex de Compuestos Químicos para Alimentos.
- El aditivo se utiliza de **manera segura** en contacto con alimento, en fase acuosa o gaseosa, de acuerdo con las buenas practicas de manejo de la industria, dado que los únicos constituyentes potenciales añadidos al alimento al utilizar ozono son nitrógeno y otras trazas de gases presentes en aire/oxígeno a partir de los cuales se genera el ozono (CO_2, vapor de agua, argón...). Además, las concentraciones de ozono han de ser suficientes para que se rebaje la

contaminación microbiana de acuerdo con el plan de buenas prácticas de manejo.

Con la aprobación del ozono como bactericida de uso alimentario por parte de la FDA se pretendía regular el uso del mismo sobre todo tipo de alimento, a fin de poner en marcha proyectos que utilizan ozono para mejorar la calidad de los productos y que dan respuesta a las exigencias cada vez mayores, tanto por parte de los productores como de los consumidores, de seguridad y calidad en sus alimentos.

En cuanto a Europa, el ozono se encuentra incluido en la **Directiva 98/8/CE del Parlamento Europeo y del Consejo** de 16 de febrero de 1998 relativa a la comercialización de biocidas, en cuyo Anexo V se especifica la inclusión del ozono en el *Grupo principal 1*: desinfectantes y biocidas generales, dentro del *Tipo de producto 2*: desinfectantes utilizados en los ámbitos de la vida privada y de la salud pública y otros biocidas (PT02), así como en el *Tipo de producto 5*: Desinfectantes para agua potable (PT05).

Por otra parte, dado que no existe una legislación específica que regule los desinfectantes en alimentos como tales, en principio la utilización del ozono en agua no presenta problemas sanitarios, ya que su rápida descomposición no deja en los alimentos residuos de ningún tipo.

En el caso de lavado de frutas y vegetales, existe, por ejemplo, un estudio del **Informe del Comité Científico de la**

Agencia Española de Seguridad Alimentaria y Nutrición (AESAN) sobre riesgos microbiológicos asociados al consumo de frutos obtenidos de *Fragaria spp.* y *Rubus spp.*, que sirve a modo de demostración de la idoneidad del agua ozonizada en la desinfección de fruta, y que en su página número 8 dice textualmente: *"Agentes que han demostrado tener efectividad contra los virus entéricos y los oocistos/ooquistes de algunos protozoos como Cryptosporium parvum o Giardia son el ozono y el dióxido de cloro, gracias a su potente acción oxidante (Peeters et al., 1989). Por este motivo, algunos autores han propuesto el uso de agua ozonizada a concentraciones de 2-3 ppm para la desinfección de fresas y frambuesas (Beuchat, 1998)"*.

En cuanto al lavado de carnes y pescado, según el Diario Oficial de la Unión Europea, L226, de fecha 25.6.2004: *"Los operadores de empresa alimentaria no utilizarán para eliminar la contaminación de superficie de los productos de origen animal ninguna sustancia distinta del agua potable o, cuando el Reglamento (CE) nº 852/2004 o el presente Reglamento autorice su uso, distinta del agua limpia"*.

Pues bien, el agua tratada con ozono es considerada agua potable, ya que el ozono se encuentra autorizado como coadyuvante en el tratamiento de aguas potables y reconocido como desinfectante en la potabilización de aguas (como expondremos en el capítulo siguiente) por el Real Decreto 140/2003, de 7 de Febrero, por el que se establecen los criterios sanitarios de la calidad del agua de consumo humano, y la Norma española UNE-EN 1278:1999 de productos químicos utilizados en el tratamiento del agua destinada a consumo humano: Ozono, transposición de la Norma Europea EN 1278 de Septiembre de 1998.

Por tanto, en el caso de utilizar agua ozonizada, esta no es, bajo ninguna circunstancia, distinta del agua potable. Argumentar que no se puede utilizar este agua sería lo mismo que afirmar que no se puede usar agua clorada, ya que el cloro es asimismo una sustancia distinta del agua potable.

Para ver un testimonio del uso del ozono en industria alimentaria, sigue el enlace:

http://www.youtube.com/watch?v=VIhVjBP5dxc

6. BENEFICIOS DEL OZONO EN EL TRATAMIENTO DE AGUA

El ozono puede hacer de un agua que produce epidemias, una bebida totalmente pura.
Instituto Pasteur

De acuerdo con la normativa comunitaria vigente, es necesario controlar la concentración de trihalometanos (THM) en el agua potable. Los THM son sustancias que se forman al reaccionar la materia orgánica con el cloro utilizado en la potabilización y que poseen potenciales niveles de toxicidad. No obstante, hoy por hoy, el hipoclorito sigue siendo el desinfectante más utilizado, aunque existen otras alternativas tales como el ozono, o medidas adicionales, como la utilización de filtros, que exigirán importantes modificaciones en las plantas depuradoras con el fin de aumentar el grado de tratamiento a fin de ajustarse a las exigencias de la normativa europea.

6.1. PRIMEROS TRATAMIENTOS CON OZONO:

Como hemos comentado anteriormente El Ozono fue descrito por primera vez por el Químico Holandés Van Marum y sintetizado en 1840 por el Químico Alemán Christian Friedrich Schönbein.

Este gas, de olor característico, es originado por descargas eléctricas atmosféricas y posee una elevada capacidad oxidante.

La palabra ozono proviene del griego "ozõ" que significa oloroso.

El ozono (O_3) es una forma alotrópica del oxigeno (O_2). El paso de O_2 a O_3 se produce cuando el primero entra en un potente arco voltaico; es lo que pasa tras una tormenta eléctrica, por eso se dice que tras una tormenta se "limpia el ambiente", es precisamente por el aumento temporal de la concentración de ozono en el aire.

En 1860 el Químico Francés Soret llegó a la conclusión de que la molécula de Ozono estaba formada por tres átomos de Oxigeno.

En 1857 el Químico Alemán Werner Von Siemens pudo construir el primer generador de Ozono utilizado con fines médicos.

El médico Alemán Albert Wolff, en 1915, utilizó el ozono para tratar enfermedades de la piel, y el ejército Alemán lo utilizó profusamente durante La Primera Guerra Mundial para curar una amplia variedad de heridas de guerra infectadas.

La primera planta potabilizadora de aguas con Ozono se construyo en Mónaco en 1860, para después ser utilizado en:

- Ousdhoorn, Holanda, (1893)
- París, Francia (1898)
- Wiesbaden, Alemania (1901)
- Niágara Falls, EE.UU. (1903)
- San. Petersburgo, Rusia (1905)
- Madrid, España (1910)

En la ciudad de Niza, Francia, se ha utilizado ininterrumpidamente desde 1906.

En el año 1917 estalla la primera guerra mundial y se descubre el potencial de los gases como armamento. A partir de ese momento se empieza a investigar cómo fabricarlos de manera económica y poder utilizarlos en el campo de batalla. El cloro y otros gases altamente letales se producían para matar gente.

Después de la guerra, se vio que el cloro podía ser utilizado como desinfectante del agua a un costo menor que el ozono. Con el paso de los años se hicieron patentes los riesgos para la salud que los subproductos del cloro implicaban. A partir de ese momento, se empezó a instaurar de nuevo el uso del ozono en la potabilización de agua para consumo humano.

Hoy en día, en la mayoría de los países industrializados se tiene garantizada la calidad del agua que sale del grifo gracias al tratamiento previo que recibe, como decíamos, fundamentalmente a partir del hipoclorito sódico. El uso generalizado de este producto químico ha hecho posible que se haya extendido la disponibilidad de agua potable. Sin embargo, las mayores exigencias de la sociedad y los avances científicos ponen más alto el listón y ya no nos basta con disponer de agua potable sino que queremos que ésta tenga la máxima calidad.

En particular, el país que emplea el hipoclorito de forma más sistematizada y a elevada concentración es EEUU. En Europa, todos los países mediterráneos y el Reino Unido emplean el hipoclorito para el tratamiento del agua como tratamiento, mientras que los países nórdicos y Alemania rechazan el aroma y sabor que le confiere el cloro.

De acuerdo con la normativa comunitaria vigente, es necesario controlar la concentración de trihalometanos (THM) en el agua potable, sustancias que se forman, como ya se ha dicho, al reaccionar la materia orgánica con el cloro utilizado en la potabilización y que poseen potenciales niveles de toxicidad.

La legislación descrita por la normativa europea, exige que a partir de 2009 se establezca un límite máximo de 100 microgramos de trihalometanos por litro para el agua potable de consumo público.

En este sentido en algunas localidades por ejemplo Cáceres, se están realizando modificaciones en la Planta de Tratamiento de Agua Potable de la ciudad, para mejorar la calidad y rebajar el índice de trihalometanos con el fin de cumplir con la normativa europea. En una segunda fase, será con la que, finalmente, se logre mejorar el sabor del agua, puesto que se eliminará la cloración de la misma mediante un proceso de ozonización.

De la misma forma, en otras localidades se va a intentar sustituir la cloración por tratamiento con ozono lo que supone importantes modificaciones en las plantas depuradoras, con el fin de aumentar el grado de tratamiento en cumplimiento de la normativa europea

Ejemplos de ETAP que usan ozono en nuestro país: (publicaciones recientes de mejoras en potabilizadoras):

- La potabilizadora de Zamora trata el agua con ozono en la cabecera de la planta.

  Silvia García/DICYT. Zamora, Martes, 16 de marzo de 2004

  http://www.dicyt.com/noticias/la-potabilizadora-de-zamora-trarara-el-agua-con-ozono-en-la-cabecera-de-la-planta-a-partir-del-mes-de-junio

  La Estación de Tratamiento de Agua Potable (ETAP) de Zamora aplica un avanzado sistema de desinfección a partir del ozono, que permitirá a la planta adaptarse a la normativa europea sobre calidad del agua de consumo público.

- **Agua Potable del Tajo para vecinos de la Comunidad de Madrid**

La Estación de Tratamiento de Agua Potable (ETAP) de Colmenar de Oreja, es de las a más avanzada en tratamiento de agua potable de toda la región de Madrid y cuenta con las últimas tecnologías pioneras en España. Su construcción se inició en 2007.

Dispone de la tecnología de tratamiento de agua potable más avanzada, por lo que pasara a ser las más modernas de las 12 con las que actualmente cuenta el Canal de Isabel II. Los tratamientos con los que cuenta son: **pre-ozonización, pre-cloración, decantación lamelar, ultrafiltración, osmosis inversa y desinfección**

- **Cáceres. El uso de ozono y carbono activo para depurar el agua evitará su olor y sabor.**

El ozono destruye mejor la materia orgánica que trae el agua, pero para eliminar cualquier resto que pueda quedar se va a completar con la utilización de carbono activo granulado como filtro que absorba los elementos que queden.

- **Tratamientos avanzados de oxidación como sistemas de afino en la depuración de agua en estaciones de tratamiento de agua potable**

Publicado por José Aguado Alonso el 13 julio, 2012

http://www.madrimasd.org/blogs/remtavares/2012/07/13/1 31815

El Canal de Isabel II, con una mayoría de sus plantas operando con procesos de ozonización, ha mostrado la viabilidad de sistemas combinados de ozono con peróxido de hidrógeno y peróxido de hidrógeno con radiación ultravioleta para aumentar la eficacia del proceso de ozonización en la eliminación de estas sustancias.

- Remodelación y ampliación de la ETAP de Valmayor: Más agua y de mayor calidad para los madrileños

Publicado por José Aguado Alonso el 23 noviembre, 2012

http://www.madrimasd.org/blogs/remtavares/2012/11/23/1 31830

La ETAP de Valmayor cuenta ahora con el tratamiento de decantación lamelar lastrada –con microarena– de mayor capacidad existente en España. Asimismo, en la nueva línea, entre el proceso de filtración y desinfección, se ha añadido un tratamiento de afino que consiste en una ozonización intermedia del agua y unos filtros de carbón activo en grano. De la antigua ETAP, tan solo se ha mantenido la decantación. El resto se ha remodelado por completo.

- La planta potabilizadora de Badajoz mejora la calidad del agua al tratarla con ozono en vez de cloro

F. LEON 21/12/2012

http://www.elperiodicoextremadura.com/noticias/badajoz/l a-planta-potabilizadora-de-badajoz-mejora-calidad-del-agua-tratarla-con-ozono-en-vez-de-cloro_700966.html

Un nuevo sistema de ozonización completa el proyecto de abastecimiento de la ciudad y de los pueblos de su entorno. A principios de año se licitará la nueva depuradora de residuales que tendrá capacidad para 300.000 habitantes.

6.2. LA POTABILIZACIÓN DE AGUA CON OZONO:

Además de las infecciones debidas a contaminantes orgánicos o bióticos, existen numerosos compuestos inorgánicos (físicos, químicos o radiactivos), transportados por las aguas de los abastecimientos, que provocan diversas enfermedades, constituyendo un problema de Salud Pública.

Así pues, el agua que utilizamos para el consumo humano ha de pasar previamente por un proceso de potabilización que elimine los agentes perjudiciales para la salud.

Las técnicas de ozonización, por su gran eficacia desinfectante y escasa residualidad, son utilizadas en el tratamiento de aguas potables desde hace décadas, tanto en Europa como en América.

De hecho, las ETAP de los embalses de Valmayor y Santillana, del Canal de Isabel II de Madrid, utilizan la ozonización en una de sus etapas de potabilización desde hace varias decadas.

6.3. ¿POR QUÉ SE HABLA DE OZONIZACIÓN VERDADERA?

El ozono puede actuar de tres formas diferentes:

- Como oxidante fijando uno de sus átomos de oxígeno. Esta acción, aunque enérgica, no es específica del ozono: un efecto análogo puede ser obtenido con otros oxidantes.

- Como oxidante fijando sus tres átomos de oxígeno en un enlace doble o triple; se forman ozónidos caracterizados por la existencia de un "puente de oxígeno". Estos compuestos inestables pueden ser "desdoblados químicamente" por la acción de un exceso de ozono y mediante un tiempo de contacto suficiente (reacción de ozonolisis).

- Como catalizador del oxígeno, acelerando la velocidad de las reacciones de oxidación a baja temperatura. En este punto también, sin embargo es preciso cierto tiempo de contacto.

Si se realiza una ozonización con un reducido coeficiente de tratamiento, el segundo y tercer modo de acción, que son específicos del ozono (y en consecuencia, los más interesantes para el tratante de agua) se realizan de forma incompleta. El "límite" de los ozónidos puede no ser franqueado. Además, las reacciones de catálisis no tienen tiempo de desarrollarse a causa de la autodestrucción del ozono en el agua.

No obstante, la ozonización con reducido coeficiente puede permitir la obtención de una esterilización satisfactoria, una oxidación de las sales ferrosas o los sulfuros, una desaparición del color e incluso una mejora del sabor cuando las aguas brutas se encuentran relativamente poco contaminadas. Este es el modo en que, hace más de sesenta años, la ciudad de Niza es abastecida mediante agua del Canal de la Vésubie, ozonizada con un resultado notable, tanto desde el punto de vista bacteriológico como organoléptico. La auténtica ozonización, por el contrario, presupone la utilización de elevados coeficientes de tratamiento (hasta de 4 g/m^3 de agua), elevadas concentraciones de ozono en el gas soporte (hasta 20 g/m^3) y tiempos de contactos suficientes (6 minutos como mínimo).

Estos tres criterios están, por otra parte, indisolublemente relacionados, ya que únicamente la utilización de elevadas concentraciones permite realizar una auténtica ozonización en tiempos económicamente aceptables (la eficacia de la ozonización se mide fundamentalmente por el producto del tiempo de contacto y la concentración residual de ozono en el agua) y, por otra parte, el requerimiento del tiempo de contacto origina un consumo suplementario de ozono por autodestrucción.

La auténtica ozonización permite sacar el mayor provecho posible de la gama completa de acciones del ozono (concretamente, mediante reacciones de desdoblamiento químico de los ozónidos y de oxidación catalítica), a saber:

- Eliminación completa de los sabores y olores.
- Decoloración del agua.
- Oxidación de las sales ferrosas, manganesas y sulfuros.
- Eliminación completa de los fenoles.
- Considerable disminución de las sustancias que pueden ser extraídas mediante el cloroformo.
- Eliminación de ciertos pesticidas organoclorados (aldrina, etc.)
- Considerable disminución de los detergentes.
- Esterilización completa.
- Inactivación de los virus.

Dado que el obstáculo económico que se opone al desarrollo de las técnicas de auténtica ozonización se encuentra en vías de desaparición, frecuentemente se formulan dos reproches contra la ozonización del agua:

1. En primer lugar, ciertos especialistas se inquietan a causa de los cuerpos originados por el desdoblamiento químico por ozonolisis de compuestos orgánicos. ¿No son más nocivos que los cuerpos iniciales? Numerosas medidas permiten responder negativamente a estas preguntas: el ozono no realiza únicamente una transformación de

materias orgánicas de cierto tipo en materia orgánica más simple, sino que mineraliza una parte importante de estas últimas, según testimonian las medidas de sustancias que pueden ser extraídas mediante cloroformo. Además, las pruebas de toxicidad respecto a cultivos celulares efectuadas por el laboratorio de higiene de la ciudad de París, bajo la dirección del Doctor Coin, han confirmado que la ozonización poseía también, desde este punto de vista, un efecto benéfico.

2. La segunda crítica se refiere fundamentalmente al comportamiento del agua ozonizada en la red de distribución. A causa de la ausencia de remanencia del ozono, ciertos especialistas de la higiene se preguntan si no es indispensable añadir una dosis de cloro "de seguridad" con objeto de "vacunar" el agua contra las contaminaciones accidentales. La cloración permite, en efecto, mantener cierto "residual" de producto esterilizante en la red, debido a la estabilidad relativamente correcta del cloro en el agua.

Desde un punto de vista teórico, parece difícil comprender como un ligero residual de cloro (que existe generalmente en forma combinada y, en consecuencia con una eficacia menor) podría ser capaz de compensar los efectos de una contaminación accidental.

En el informe general que fue establecido por el 61 Congreso del AIDE en Estocolmo, en 1964, el Sr. Hallopeau hizo destacar, por otra parte, que la presencia de un residual clorado no era una garantía suficiente respecto a la presencia de *E. Coli* en aguas que contenían cloro residual.

Según hizo destacar el Sr. Scheller en el mismo Congreso, a este respecto lo fundamental consiste en desembarazar la red de todas las materias que pueden suministrar un alimento a los organismos susceptibles de desarrollarse en la red, incluso si no son patógenos.

No cabe ninguna duda de que el ozono manifiesta en este contexto una superioridad muy clara respecto a todos los reactivos clorados.

7 UTILIZACIÓN DE OZONO EN LAVANDERÍAS INDUSTRIALES

Ahorrar no es sólo guardar, si no saber gastar.
Anónimo

Aparte de su probada acción desinfectante, el ozono, por su gran poder oxidante, elimina eficazmente la materia orgánica (grasa, sudor, sangre...) de los textiles, dilatando sus fibras, lo que a su vez favorece la penetración de los detergentes por su efecto humectante.

El ozono, además, se transforma rápidamente en oxígeno, lo que aumenta la concentración de este en el agua. El incremento de oxígeno, por su parte, aumenta el potencial de limpieza de los detergentes utilizados.

Así pues, además del control microbiológico que el ozono proporciona, elimina olores y suciedad y favorece la acción de los detergentes. Todo ello redunda en una serie de ventajas que pasamos a referir.

- **Reduce el consumo de agua caliente**

    Al aumentar las concentraciones de oxígeno en el agua de lavado y favorecer la acción de los detergentes, no son necesarias altas temperaturas para conseguir una limpieza óptima. De hecho, se puede lavar con agua fría consiguiendo mejores resultados que los obtenidos con agua caliente sin ozono.

- **Reduce el consumo de productos químicos**

Porque, además de aumentar su capacidad detergente al oxigenar el agua, el ozono abre las fibras de los tejidos, favoreciendo la penetración en las telas de dichos detergentes.

Asimismo, el poder desinfectante y oxidante del ozono hace innecesaria la utilización de agentes blanqueantes a base de cloro (lejías).

Tampoco son necesarios los productos utilizados para equilibrar el pH del agua, ya que el ozono lo mantiene en valores próximos al neutro.

- **Reduce el tiempo/número de lavados**

Al ser los detergentes más eficaces en presencia de ozono, se consigue la misma limpieza en un tiempo más corto. Se puede llegar a reducir el tiempo de lavado convencional en un 33% aproximadamente.

- **Reduce el tiempo/número de aclarados**

Al haber reducido cantidad de detergente, el tiempo necesario para eliminar sus residuos es menor.

- **Reduce el consumo de agua**

Al reducir o incluso eliminar fases del proceso de lavado, la cantidad final de agua utilizada es muchísimo menor. De hecho, la disminución del consumo de agua es la característica más notable de la ozonización.

- **Reduce los tiempos de secado**

Porque el ozono abre las fibras de los tejidos, lo que favorece la extracción de agua en el ciclo de centrifugado.

- **Elimina el problema de vertidos y residuos**

El ozono hace que, al final del ciclo de lavado, el agua residual quede libre de cualquier tipo de contaminación microbiológica, con un pH cercano al neutro y con cantidades menores de productos químicos.

Por otra parte, al generarse *in situ*, se hace innecesaria su manipulación, almacenamiento o transporte, lo que redunda en una disminución muy significativa de los riesgos derivados de estas actividades (irritaciones y corrosiones, accidentes graves por vertidos de sustancias peligrosas…)

- **Aumenta la vida útil de los tejidos**

Al verse reducida la temperatura de lavado, la cantidad de producto químico empleado, los ciclos de lavado y aclarado y los tiempos de secado, todos ellos factores que dañan los tejidos.

- **Aumenta la capacidad de los lavados**

Al producirse un ahorro de tiempo en todo el proceso de lavado.

- **Mejora la calidad del servicio y con ello la satisfacción del cliente final.**

La ropa lavada con ozono queda limpia, desinfectada, sin residuos de detergentes o agentes blanqueantes que pueden producir alergias y úlceras de contacto; además, al abrir el ozono las fibras de los tejidos, estos se vuelven más esponjosos y suaves, sin necesidad de utilizar suavizantes, ya que el ozono impide asimismo la formación de electricidad estática.

▪ **Mejora las condiciones de trabajo**

Al poderse trabajar sin altas temperaturas y reducirse los tiempos de lavado y secado y el consumo de productos químicos, las condiciones del entorno de trabajo mejoran notablemente.

7.1. UN EJEMPLO PRÁCTICO

A.- CONDICIONES NORMALES:

En los lavados domésticos la relación de baño (carga/litros) suele ser de 1/5. Por ejemplo, en una maquina con capacidad para 20 Kg se utilizan 100 litros de agua.

Los ciclos de lavado, en caso de tejidos muy sucios, son:

▪ **Lavado principal: 1**
▪ **Aclarados: 4**
▪ **Suavizados: 1**
▪ **Consumo de jabón: 12 g/L**

B.- CONDICIONES CON OZONO:

B.1.- REDUCCIONES:

Aclarados: 2 - Reducción de consumo de agua: 33%.

Consumo de químicos - Eliminación de hipoclorito sódico

Consumo de jabón: 4-5g/L - Reducción del 60 %

Consumo energético - Los lavados con O_3 son con agua fría
- Reducción de tiempo de funcionamiento de máquinas (al eliminar aclarados)

Tiempo de lavado - Reducción de un 33%

Costes de mantenimiento - Al disminuir las horas de funcionamiento

B.2.- AUMENTOS

Eficacia en la desinfección - Aumenta en un 100%

Vida media de las prendas - Aumenta en un 50% (al eliminar la lejía)

Capacidad de los lavados - Aumenta en un 33%

EJEMPLO DE LAVANDERÍA INDUSTRIAL.

DATOS DE LA INSTALACIÓN:

Lavandería industrial que consta de:

- Una máquina con capacidad de 22 Kg
- Dos máquinas con capacidad de 55 Kg
- Tres máquinas con capacidad de 110 Kg
- Una máquina con capacidad de 210 Kg

Presión de entrada del agua de red: 5 Kg

Ciclos de lavado:

- Prelavado de 5 minutos
- Lavado de 14 minutos
- Lavado de 16 minutos
- Blanqueado de 7 minutos
- Tres aclarados de 3 minutos
- Un suavizante de 3 minutos

En este enlace puedes ver el vídeo de una instalación en una lavandería de la cadena RIU HOTELES

http://www.youtube.com/watch?v=dQWRWM6d800

8 BENEFICIOS DEL OZONO EN EL TRATAMIENTO DE AGUAS DE BAÑO: SPAS, PISCINAS Y BALNEARIOS

Si hay magia en este planeta, está contenida en el agua
Loran Eisely

Resulta evidente el hecho de que el agua de un balneario o piscina, utilizada por un número relativamente grande de personas, es un vehículo ideal para la transmisión de enfermedades: personas aparentemente sanas pueden ser portadoras de agentes capaces de contagiar a otras personas menos resistentes.

Por ello es necesario llevar a cabo una adecuada desinfección del agua del vaso de la piscina con un producto que cumpla dos requisitos fundamentales: el garantizar la desinfección y el no ser agresivo con el usuario del balneario ni el ambiente.

A pesar de que el ozono ha sido utilizado en el tratamiento de agua potable desde principios de 1900, su aplicación en agua de piscinas no comienza seriamente hasta la década de los 50 en Europa. En la actualidad, sin embargo, son ya millares las piscinas europeas y balnearios tratados con ozono.

El ozono, O_3, es un gas inestable presente de forma natural en pequeñas concentraciones en la superficie terrestre, y que se erige como el más oxidante de los agentes utilizados en el tratamiento del agua de piscinas, siendo capaz de destruir algas y bacterias, inactivar virus y oxidar numerosos contaminantes orgánicos e inorgánicos presentes en el agua utilizada en piscinas.

Debido a su corta vida media en soluciones acuosas, el agua ozonizada utilizada en piscinas puede ser reciclada sin el temor de llegar a generar en la disolución altas concentraciones de agentes químicos. Una ventaja adicional de esta inestabilidad la constituye el hecho de que, si el proceso de tratamiento está bien diseñado, no quedará residual de ozono en el agua, así como tampoco en la atmósfera de la piscina.

No obstante, en muchos lugares las autoridades establecen una cantidad residual mínima estable de desinfectante en el agua de las piscinas. En estos casos se utilizan pequeñas cantidades de cloro o bromo para llegar a alcanzar la cantidad exigida por ley. Incluso en estas circunstancias un pre-tratamiento con ozono resulta ventajoso, ya que éste disminuirá la demanda de cloro (o bromo) del agua, a la vez que reduce las concentraciones de dichos agentes químicos en el agua de recirculación.

Debe tenerse presente que el tratamiento del agua de piscinas o balnearios es único por lo específico, al tratarse del control de la calidad de un agua contaminada con una amplia variedad de sustancias indeseables. Los usuarios de los balnearios contribuyen a aumentar la contaminación típica del agua con elementos de distinta naturaleza que deben ser eliminados o destruidos (bacterias, virus, orina, sudor, esputos, pelo, cosméticos, etc.). Por otra parte, debido a los grandes volúmenes de agua contenidos en las piscinas, ésta debe ser reciclada, lo que viene a incrementar la complejidad del tratamiento, resultando la mayor parte de las veces mucho más complicado que, por ejemplo, el tratamiento de agua potable.

A partir de ahora, siempre que hablemos de aguas de baño hacemos referencia tanto al agua de piscinas como de sapas o balnearios.

8.1. PROBLEMAS INHERENTES A LAS AGUAS DE BAÑO

A fin de ofrecer las prestaciones que sus usuarios buscan al acudir a un **balneario o piscina**, el agua de ésta debe garantizar una calidad irreprochable. Para el bañista este concepto viene representado por la transparencia del agua, así como por la ausencia de olores y sabores; para el higienista, por su parte, significa un agua libre de materia orgánica y mineral, así como de cualquier tipo de microorganismo. Pero conseguir un agua de estas características presenta varios problemas.

8.1.1. EL MEDIO:

Transportados fundamentalmente por la atmósfera, los elementos indeseables se encuentran en cantidad más significativa en las piscinas al aire libre que en las cubiertas; aparecen, en cualquier caso, como materia en suspensión.

Materia orgánica y mineral	Microorganismos
Desechos vegetales	Bacterias
Desechos animales	Virus
Polen, insectos	Hongos, levaduras
Polvo	Amebas

8.1.2. LOS USUARIOS

A diferencia de la pequeña significación que en los lagos puede tener la contribución humana a la contaminación del agua, en las aguas de baño de una piscina, esta constituye la vía más importante de su degradación. Antes de introducirse en el vaso, y a pesar de haberse lavado cuidadosamente, cada bañista es portador de 300 o 400 millones de bacterias aproximadamente, sin contar los 0'5 g de materia orgánica que aporta en forma de pequeñas partículas de piel, pelo, grasa, saliva, sudor, orina, cosméticos, etc.

Contaminantes aportados por los bañistas		
Contribución química	Soluble	Transpiración Orina
	Coloidal	Secreciones (nasal, faríngea, cutánea) Cremas y cosméticos
	En suspensión	Piel (escamas, films) Pelos Otros
Contribución microbiológica	Bacterias, virus, parásitos	

Desde un punto de vista cuantitativo, un nadador, consciente o inconscientemente, por una cuestión inherente al movimiento muscular, añade al agua del vaso unos 50 mL de orina.

Todas estas aportaciones de materia orgánica al agua, unidas a las cálidas temperaturas utilizadas en las piscinas (28-35°C), proporcionan a bacterias y virus unas óptimas condiciones de vida en las que pueden multiplicarse fácilmente, lo cual representa un grave problema que concierne a la Salud Pública.

8.1.3. PROBLEMAS SANITARIOS:

Mencionaremos aquí únicamente las principales infecciones derivadas de las aguas de baño. En lo que concierne al modo de penetración del agente químico o microbiológico en el organismo, existen dos categorías: oral o cutáneo.

Problemas sanitarios

Tipo de microorganismo	Especie responsable	Consecuencias
Amebas	*Entamoeba naegleria*	Meningitis
Bacterias	*Staphylococcus, sp.*	Rinofaringitis, conjuntivitis, otitis
Hongos microscópicos	Varios	Micosis cutánea
Virus	*Papillomavirus*	Papilomas

Los riesgos originados por agua de vasos con un sistema deficiente de desinfección van desde una simple irritación de mucosas a enfermedades que pueden llegar a ser mortales. La tabla 3 muestra las distintas posibilidades de contagio de los bañistas.

No tiene sentido el pretender enumerar aquí las consecuencias de todo lo anteriormente expuesto, pero es importante tener en cuenta que la propagación de enfermedades como la hepatitis infecciosa, la poliomielitis y las fiebres tifoideas pueden ser controladas en los vasos de baño con un correcto diseño del tratamiento de desinfección del agua.

8.2. INCONVENIENTES DE LA DESINFECCIÓN TRADICIONAL CON CLORO

La cloración es tradicionalmente el tratamiento desinfectante mayoritariamente empleado en las aguas de baño. El objetivo de la cloración es el de garantizar al agua un buen "estado de salud" y mantener la presencia de un cierto nivel de cloro libre activo para actuar como oxidante-desinfectante básicamente contra la contaminación provocada por los mismos bañistas.

El principal problema derivado del uso del cloro, aparte de la toxicidad inherente a su naturaleza, es que, en función del pH, el cloro se combina con sustancias orgánicas (sudor, orina...), dando lugar a la formación de cloraminas (cloro combinado o compuesto) cuyo poder desinfectante es mucho menor que el del cloro libre activo. Además, las cloraminas son las verdaderas causas del prurito conjuntival y del molesto olor que tienen a veces las aguas de baño habiéndose establecido asimismo su toxicidad para la fauna acuática

Últimamente, a causa de los inconvenientes que presenta la desinfección con cloro, se utiliza la electrolisis salina; el problema de este método estriba en que su uso es equivalente a la desinfección convencional con cloro, con la diferencia de que en este caso el cloro se produce en la propia instalación a medida que se necesita. Presenta, pues, la misma problemática de subproductos del cloro.

Un valor de pH superior a 7,6 es causa de irritación en conjuntiva y mucosas, favorece las incrustaciones y reduce en gran medida la capacidad desinfectante del cloro. De hecho, con valores de pH superiores a 7,6 sólo una mínima parte del producto de cloro añadido al agua se transforma en ácido hipocloroso, que es el verdadero agente oxidante-desinfectante. El resto se transforma en el ión hipoclorito, 100 veces menos activo como desinfectante que el ácido hipocloroso.

En cuanto a su toxicidad, el cloro es un gas irritante de las mucosas y del aparato respiratorio que puede producir hiper-reactividad bronquial en individuos susceptibles. El primer síntoma de exposición es la irritación de las mucosas oculares, de la nariz y de la garganta, que va en aumento hasta producir un dolor agudo. Esta irritación afecta también a las vías respiratorias inferiores, produciendo una tos refleja que puede provocar el vómito y en casos extremos edema pulmonar. Las personas expuestas durante largos periodos de tiempo a bajas concentraciones de cloro pueden presentar una erupción que se conoce como cloracné.

Es bien sabido, asimismo, que el típico olor a piscina es debido a la combinación del cloro con compuestos nitrogenados como la urea, presente en el agua, como ya se ha indicado, por contaminación humana. Otras sustancias tóxicas y sumamente irritantes se producen asimismo en este proceso. Así, se ha demostrado en estudios experimentales, que el efecto irritativo es más acusado en el caso de subproductos como monocloramina o clorourea, que en el de una exposición a cloro libre.

El nivel más bajo al que se detectan sus efectos (NOEL) se asocia habitualmente a su umbral olfativo (< 0.3 mg/m^3).

8.3. PURIFICACIÓN DEL AGUA DE RECIRCULACIÓN:

Una vez contaminadas las aguas de baño por las causas indicadas, su recirculación no debe realizarse hasta asegurarse de que el agua se devuelve al vaso con una calidad equiparable a la del agua potable, desde el punto de vista epidemiológico y de

Higiene general.

El tratamiento de purificación requiere varios pasos:

a) Prefiltración:

Para conseguir la eliminación de coloides y sólidos en suspensión. Se trata de retener las partículas de mayor tamaño evitando su descomposición el vaso y protegiendo, a la vez, la bomba de circulación del agua. Su diseño debe facilitar una limpieza periódica y rápida.

b) Floculación:

Para el tratamiento de coloides y sólidos en disolución, así como partículas en suspensión que, por su reducido tamaño, no hayan quedado atrapadas en el primer filtro. Los agentes floculantes consiguen coagular los elementos en disolución, que una vez precipitados pueden ser retenidos por filtración.

- El floculante más utilizado es el sulfato de aluminio, aunque también se utilizan para este fin cloruro férrico o aluminato sódico.

- La adición del agente floculante se debe realizar aprovechando el flujo entrante de la bomba, de manera que la turbulencia del agua asegure una buena homogeneización y un tiempo de contacto suficiente antes de la filtración.

c) Filtración:

Precedida de una floculación, la filtración en esta etapa permite la eliminación de los materiales responsables de la turbidez, lo que contribuye a un mayor rendimiento en el siguiente paso, la ozonización, tanto desde el punto de vista de la purificación química como de la microbiológica.

- Los filtros utilizados en esta etapa suelen ser de arena o de diatomeas, aunque estos últimos no son muy recomendables tras la floculación. En la tabla 4 se muestran los diferentes tipos de filtros utilizados normalmente, así como sus características.

TIPO DE FILTRO	COMPOSICIÓN (TAMAÑO DE GRANO)	ALTURA	VELOCIDAD DE FILTRACIÓN
Arena (clásico)	Arena (0'4-0'8 mm)	0'8 a 1'2 m	10-20 m/h
Arena (rápido)	Arena (0'4-0'6 mm)	0'4 a 1 m	20-50 m/h
De doble lecho	Arena (0'4-0'7 mm) Hidroantracita (0'8-1'6 mm)	0'4 a 0'6 m 0'4 a 0'6 m	25-40 m/h
Multi-lecho	Arena (0'4-0'7 mm) Hidroantracita (0'8-1'6 mm) Carbón activo	0'4 a 0'6 m 0'4 a 0'6 m 0'3 a 0'5 m	15-30 m/h
De diatomeas	Diatomeas		4-5 m/h

Tabla 4.- Características de diversos filtros

d) Oxidación y descomposición de materia orgánica. Desinfección:

Tratamiento consistente en propiciar la oxidación de la materia existente en el agua mediante la adición de un agente oxidante, a fin de eliminar los microorganismos presentes en ese agua.

El agente oxidante ideal para agua de piscinas debería cumplir los siguientes requisitos:

- Máximo poder oxidante con el menor tiempo de contacto.
- Alta eficacia desinfectante.
- Fácil y seguro de manejar, que no produzca exceso de oxidantes que deban ser eliminados.
- No formar productos de reacción tóxicos o irritantes.
- No originar cambios en la composición del agua.
- Ecológicamente seguro.

Como hemos ido exponiendo a lo largo de este libro, el ozono cumple todos y cada uno de estos requisitos por su peculiar naturaleza. Generado *in situ* por descarga eléctrica en el aire, el ozono participa activamente en los fenómenos de oxidación y esterilización del agua de piscinas, gracias a su alto potencial redox, que lo convierte en el oxidante más potente después del flúor.

Gracias a las características expuestas, el ozono demuestra ser un agente esterilizante mucho más versátil y eficaz que el cloro también en el tratamiento de agua de piscinas, habiéndose comprobado, entre otros beneficios, que las instalaciones equipadas con ozono pueden funcionar perfectamente con una menor capacidad de circulación del agua, como se refleja en la tabla siguiente.

Dimensiones del vaso (m)	Área (mP^{2P})	Tratamiento habitual (mP^{3P}/h)	Tratamiento con OB_{3B} (mP^{3P}/h)
16-2/3 x 8	133	59	49
25 x 8	200	89	74
25 x 10	250	111	93
25 x 12'5	312'5	139	115
25 x 16-2/3	416'5	185	154
50 x 16-2/3	833	370	308
50 x 20	1000	444	370
50 x 21	1050	466	389

Capacidad de circulación según las dimensiones del vaso en tratamientos convencionales y con ozono[2]

En cuanto a las concentraciones del gas necesarias para un buen tratamiento de desinfección, en la tabla que sigue se muestran las diferentes concentraciones de ozono necesarias para el tratamiento del agua de piscinas en función de la capacidad de estas en litros:

[2] Ensenauer, P., "Swimming Pool Water Treatment with Ozone", *Haustechnik-Bauphysik-Umwelttechnik,* 100 (1/2): 49-53, 1979.

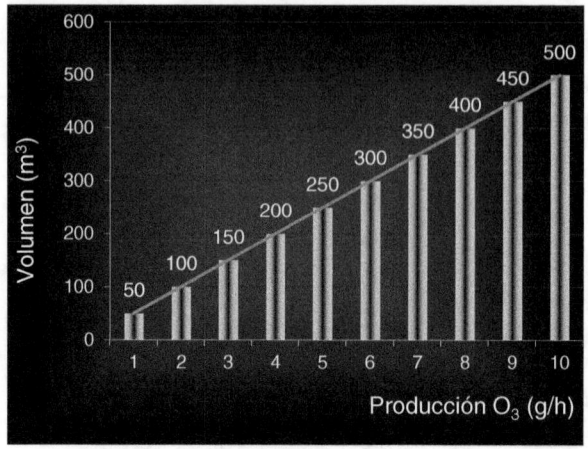

Necesidades de ozono (g/hora) según las dimensiones del vaso (mP³P).

Como se ha indicado, tras la ozonización del agua, precedida de los procesos de filtrado y floculación señalados, el agua de recirculación, ya desinfectada, ha de ser devuelta al vaso. A fin de asegurar una renovación eficiente los ciclos de recirculación deben ser lo más cortos posible (en la práctica, entre 3 y 5 horas, dependiendo de la afluencia de público a la piscina y de los equipos de las instalaciones).

Entre los pasos que no se han comentado hasta el momento, están el ajuste de pH, el recalentamiento del agua y la adición de un residual de desinfectante.

a) Calentamiento del agua:

La temperatura del agua antes del tratamiento de recirculación varía de 22º a 27ºC, que es el rango de temperatura utilizado en piscinas, cubiertas o no, por lo que tras el tratamiento suele ser necesario un recalentamiento del agua. Esta operación puede realizarse antes o después de la ozonización. En el segundo caso y ya que el aumento de temperatura contribuye a la inestabilidad del ozono, se asegura así la destrucción del exceso de gas presente en el agua; Evidentemente, de llevarse a cabo de esta manera, el calentador deberá estar construido en acero inoxidable a fin de evitar los posibles fenómenos de corrosión en el dispositivo.

b) Corrección de pH

Esta acción es necesaria en muy contadas ocasiones y entonces se lleva a cabo mediante la adición de carbonato sódico o ácido clorhídrico diluido, según las necesidades, después de la prefiltración.

c) Adición de un residual de desinfectante

En algunos casos (debido a que así se especifique en la legislación vigente, circuitos hidráulicos pobremente adaptados, etc.), es necesario forzar la existencia de un residual de desinfectante en el vaso de la piscina. La adición del agente desinfectante se hace casi siempre en el circuito hidráulico, entre la cámara de contacto del ozono y la boca de retorno del agua.

Cuando no se añade ningún desinfectante, es beneficioso tener un residual pequeño de ozono (de 0'05 a 0'1 mg/L) disuelto en el agua de entrada al vaso. De esta manera el agua no sólo está desinfectada, sino esterilizada. Las altas temperaturas del agua y del aire, que además tiene un alto grado de humedad, además de los sistemas de ventilación presentes en las piscinas cubiertas, contribuyen a la prevención de cualquier problema que el exceso de ozono en aire causaría a los usuarios.

A fin de controlar las concentraciones de ozono en aire, es necesario registrarlas a nivel traza (0'1ppm) en la atmósfera de la piscina. De cualquier manera, hay que resaltar que los efectos nocivos del gas no se manifiestan hasta después de una exposición a **concentraciones en aire superiores a 0'05 ppm durante 8 horas**, concentraciones prácticamente inalcanzables con un correcto diseño de las instalaciones, y detectables a nivel olfativo en pocos minutos.

8.4. RESPUESTAS A LAS PREGUNTAS MÁS FRECUENTES

a) La cuestión tóxica

Lo importante al respecto es evitar un exceso de ozono en los pulmones de los nadadores y de las personas que se encuentren en las inmediaciones del vaso. Se considera excesiva una cantidad de ozono superior a 0'1 ppm durante 8 horas de exposición, como ya se ha señalado con anterioridad. Los generadores de ozono no podrían alcanzar estas concentraciones de gas en aire ni en el caso de que toda su producción escapara directamente a la atmósfera en lugar de ser inyectada en el agua.

b) La cuestión del residual

Si se trata de una piscina privada, la adición de un desinfectante residual no resulta necesaria. Por el contrario, en el caso de piscinas públicas debe utilizarse una pequeña cantidad desinfectante a fin de que permanezca en el agua un residual del mismo.

c) Lo que la ozonización no puede hacer en el agua de baño

Evidentemente, el ozono no puede, por sí solo, compensar un fallo en los filtros, una mala circulación del agua o una limpieza deficiente.

d) Efectos colaterales beneficiosos para los usuarios

En primer lugar, el oxígeno disuelto, cuya saturación se alcanza rápidamente y se mantiene permanentemente. El punto de saturación depende de la temperatura del agua.

El oxígeno disuelto no sólo actúa en el sentido de resistir contaminaciones posteriores, sino que realiza por sí mismo una cierta purificación del agua.

Así es, ya que gracias a la permanente aireación del agua, pequeñas burbujas de oxígeno están presentes en toda la masa de agua. Estas burbujas se adhieren a las partículas en suspensión, elevándolas a la superficie, de donde serán retiradas por el flujo de recirculación del agua. Gracias a este efecto que lleva a la superficie materia depositada en el fondo de la piscina, será necesaria una menor aspiración de esta.

e) ¿Algún efecto colateral no deseable?

Materiales como la goma y similares pueden descomponerse en cierta medida en agua ozonizada, dejando restos en el fondo que, por su textura viscosa y deslizante puede confundirse con la presencia de algas.

f) Cenizas y espuma de oxidación

Como ya se ha indicado, toda materia oxidable será literalmente "quemada" por el ozono; de hecho, en el agua tratada se produce una forma de combustión húmeda que da lugar a la aparición de cenizas. Estas cenizas son muy finas, por lo que debe haberse instalado un buen filtro capaz de retenerlas. En caso contrario, el agua se volverá más y más turbia a partir de unas semanas. También puede ocurrir que se vayan depositando en las paredes del vaso o en alguna esquina donde la corriente no sea muy fuerte. Al ser estas cenizas de un color variable entre marrón y verduzco, su aparición suele interpretarse como crecimiento de algas. De cualquier manera, las cenizas pueden ser fácilmente retiradas con el barrido automático habitual.

En cuanto a la espuma que puede aparecer ocasionalmente, ésta significa que existe todavía material oxidable que está siendo oxidado. Cuando la espuma no aparece es signo de que el agua está prácticamente libre de contaminantes.

g) La cuestión de la corrosión

Los generadores de ozono están especialmente diseñados para evitar la corrosión típica del gas ozono. Una vez ozonizada el agua, no hay peligro de corrosión para los elementos de la instalación, ya que el oxígeno disuelto, junto a un mínimo de dureza del agua (siempre presente), origina bicarbonato, que precipita depositándose en las paredes de los conductos en los que forma una fina película protectora. Dicha película actúa de manera similar a los agentes anticorrosivos que se añaden en los tratamientos industriales del agua. De manera que, aunque pueda parecer paradójico, el ozono previene así la corrosión.

h) Estudios en la materia

Aparte de todos los estudios ya citados hasta este punto, podemos añadir los realizados por especialistas en el tratamiento del agua, miembros de dos prestigiosas Universidades, una de EEUU y otra de Alemania, llevados a cabo con prototipos de ozonizadores de agua de piscina. Sólo tras recibir sus informes con resultados favorables se ha procedido a la instalación es serie de estos sistemas en los países citados, donde gran parte de las piscinas utilizan ya este tipo de tratamiento

8.5.- VENTAJAS DEL O_3 EN EL AGUA DE BAÑO

Ya que es un hecho incontrovertible el que las piscinas se están convirtiendo en una opción cada día más popular para el tiempo libre, así como el que la calidad de sus aguas debe satisfacer tanto a los usuarios comunes como a los nadadores profesionales, en el sentido de no ocasionar molestias cuyos efectos puedan manifestarse en el acto o a medio plazo, han de buscarse alternativas a los tratamientos tradicionales a base de cloro que tantos problemas ocasionan.

Tras todo lo anteriormente expuesto, resulta obvio que la ozonización constituye el tratamiento ideal para el agua de piscinas, balnearios urbanos o agua de recreo, al presentar un amplio repertorio de ventajas, entre las que podemos destacar:

- La purificación del agua de piscinas o balnearios urbanos que se consigue mediante ozonización es superior a la obtenida con cloración, ya que el tratamiento con ozono proporciona al usuario mayor protección frente a infecciones, además de un agua más limpia y de mejor calidad en su valoración integral.

- A través de las fases indicadas (prefiltración – floculación – filtración – ozonización – carbón activo – sistema de desinfección) es posible tratar el agua hasta el extremo de que la piscina se convierta en un lugar seguro y saludable para los bañistas.

- Con el uso de ozono, las cloraminas y los problemas de irritación que estas sustancias conllevan, quedan definitivamente suprimidos y eliminados.

- El ozono elimina o reduce drásticamente el crecimiento de hongos, otro problema frecuente en las piscinas.

- Con los tratamientos de ozono las tareas de limpieza y mantenimiento de las instalaciones disminuyen, y con ello su coste económico.

- Dado que el ozono es generado in situ, se eliminan los riesgos y costes generados por la manipulación, transporte y almacenamiento de productos tóxicos y peligrosos.

- El ozono es efectivo en el tratamiento de infecciones cutáneas, *tanto en piscinas terapéuticas como convencionales.*[3]

- Las piscinas ya instaladas pueden pasar de la cloración a adoptar la tecnología del ozono sin que ello suponga grandes inversiones.

---

[3] Wolf, H., "Ozone treatment in Medicine"; Werkmeister, H., "Ozone Treatment in Radiation Therapy", ambas presentadas en el 3P[rdP] International Congress on Ozone Technology, Paris, France, Mayo, 1977, *Intl. Ozone Assoc.*, Vienna, VA.

A pesar de que la razón primordial para plantearse el mantenimiento del agua de las piscinas en perfectas condiciones de pureza es de orden sanitario e higiénico, de tal manera que se pueda asegurar a los usuarios un baño sin riesgos para su salud o, incluso, su vida, no debe dejar de tenerse en cuenta el aspecto económico de la cuestión, por lo que la segunda razón de peso para el control de calidad del agua de piscina, es el convertir las instalaciones en algo tan atractivo y estimulante que la gente quiera utilizarlas. La eliminación de los riesgos de contagios por algun patogeno hace más diferente y competitiva la piscina o las aguas de baño.

Como ya hemos visto, nada mejor para conseguir este fin que el agua ozonizada, transparente, oxigenada y sin sabores ni olores extraños. El agua se ha definido siempre como un líquido incoloro, inodoro e insípido, y así debe presentarse a las personas interesadas en practicar un deporte sano y seguro, o simplemente relajarse durante su tiempo de ocio, evitando reacciones alérgicas y daños en las mucosas. El agua ozonizada proporciona la claridad y apariencia asociada habitualmente con el agua en su estado más puro, además de una calidad higiénica irreprochable.

Ejemplo de una piscina Ozonizada en Madrid: puedes ver el video en este enlace:

http://www.youtube.com/watch?v=Bk8GHoGoDn4

9 EL OZONO EN LA INDUSTRIA VITIVINÍCOLA

«In vino veritas, in aqua sanitas»
Plinio el Viejo

La industria vitivinícola constituye un sector muy importante no sólo dentro de España, sino en toda la Unión Europea, que ocupa un lugar preponderante en el mercado vinícola mundial: representa el 45% de la superficie vitícola del planeta, el 65% de la producción, el 57% del consumo y el 70% de las exportaciones.

Dentro de este sector se ha hecho patente una grave preocupación por las contaminaciones producidas por factores exógenos a la elaboración de los vinos propiamente dicha y que dificultan la percepción óptima de los mismos, afectando a su comercialización.

Estas contaminaciones provocan en los caldos olores y sabores indeseables ("olor a moho", "olor a ratón" y hasta aromas a "medicina" o incluso a "orín de caballo") que pueden dar al traste con todo el esfuerzo de los bodegueros.

Hay dos factores de distinto origen que dan lugar a estas contaminaciones: uno químico, debido a los llamados "anisoles" y otro microbiológico, constituido por levaduras del género Brettanomyces.

En ambos casos la implantación de un buen sistema de limpieza y desinfección eliminando el uso de cualquier producto a base de cloro puede limitar al máximo los riesgos de aparición de estos problemas, resultando una opción inmejorable el uso de ozono en las tareas de lavado y desinfección de equipos e instalaciones, así como en el aire del interior de las bodegas, ya que por su potente acción oxidante es capaz no sólo de destruir todo tipo de microorganismos, sino también compuestos químicos aromáticos (como los anisoles) que degrada a moléculas inofensivas.

El olor a moho o humedad (muchas veces descrito erróneamente como olor a corcho) es uno de los defectos más frecuente y desagradable en vinos. Varias moléculas han sido identificadas como responsables de este olor. Entre ellas se puede mencionar al 2,4,6 Tricloroanisol (TCA), encontrado en la mayoría de los vinos catalogados con olor a moho.

Sin embargo el término olor a corcho es frecuentemente inapropiado ya que a pesar de que los corchos obtenidos a partir de la corteza del alcornoque, pueden liberar TCA si la calidad del proceso de manufactura no es satisfactorio, existen otras fuentes de contaminación; por ejemplo el Pentacloroanisol (PCA) y el 2,3,4,6 Tetracloroanisol (TeCa), también responsables de estos olores, son producidos por degradación de ciertos plaguicidas que contienen 2,3,4,6 Tetra-clorofenol (TeCP) o Pentaclorofenol (PCP) con TeCP como impureza. Estos compuestos pueden contaminar vinos que NO han estado en contacto con los corchos. De hecho cada vez es más evidente que un porcentaje elevado de los vinos contaminados lo han sido en la misma bodega.

Los anisoles derivan de la O-metilación de plaguicidas

halofenólicos, que son ALTAMENTE TOXICOS, como parte de una reacción normal de detoxificación del ambiente mediada por diferentes especies de microorganismos. Los hongos filamentosos son considerados responsables de la aparición de los anisoles, aunque parece no existir una correlación entre el crecimiento de alguna cepa en particular y la aparición de los mismos.

El origen de los haloanisoles está, pues, ligado a la presencia en las bodegas de compuestos clorados como plaguicidas, lejías, agua clorada o desinfectantes de madera, que son metabolizados por hongos filamentosos (sobre todo del género Aspergillus y Penicillium).

Se trata de compuestos capaces de arruinar las propiedades organolépticas naturales de cualquier vino; tienen un umbral de percepción olfativa muy bajo y generalmente son muy volátiles, capaces de transmitirse a través del aire y con una gran facilidad para adherirse y contaminar madera, corcho, y otros materiales (polímeros plásticos, siliconas, cartón y papel, gomas, resinas, etc.)

Para erradicar este problema enológico se requiere la adopción como estrategia de un estricto control ambiental y de los materiales utilizados en la bodega para eliminar potenciales fuentes de contaminación.

Brettanomyces (también conocida como "brett") se considerada una levadura de contaminación que infecta los mostos y vinos en el curso de operaciones pre y post-fermentativas. Se trata de un género de levaduras incluido en los Ascomicetes, uno de los cuatro filos en los que se clasifican los hongos. Este tipo de levadura forma un género con más de cuatro especies. De éstas, fundamentalmente es Brettanomyces bruxellensis (y su forma esporulada, Dekkera) la que interesa desde el punto de vista enológico.

Las secuelas que este hongo puede dejar en aquellos caldos en los que se desarrolla van desde el "olor a ratón" hasta aromas medicamentosos o incluso a "orín de caballo". Esta levadura es capaz de producir al menos diez compuestos aromáticos que llevan a la destrucción de los caracteres afrutados de los vinos. Los tipos de vino contaminados son múltiples: blanco, tinto, dulces…, siendo su presencia típicamente asociada a los vinos en curso de añejamiento en barrica.

Desde un punto de vista gustativo, parece que los defectos debidos a Brettanomyces aparecen primero a la nariz pero no son desagradables para el degustador. Por el contrario, a partir de la fase estacionaria y de declinación, los defectos olfativos son predominantes y aparecen en boca. En este estado las sensaciones son muy desagradables.

La relación del 'brett' con el vino comienza en la vid. Se ha hallado en el hollejo de la uva de todo tipo de cepas de Vitis vinifera y en casi todas aquellas regiones donde se ha estudiado con las técnicas apropiadas, aunque no ocasiona ninguna enfermedad al fruto ni a la planta. En la época de la vendimia la levadura llega al lagar adherida a la uva, por lo que es la propia materia prima la que introduce la contaminación. Además, la mosca de la fruta, que es muy abundante en esta época, se encarga de llevarla a todos los rincones de la bodega. Igualmente, si las condiciones de desinfección de instrumentos e instalaciones de la bodega no han sido apropiadas, pueden existir esporas de una campaña a otra.

En los medios que presenten azúcares fermentables (como el mosto) el metabolismo del "brett" se dirigirá a producir etanol y posteriormente grandes cantidades de ácido acético. Tiene capacidad filmógena, lo que significa que puede formar velo en la superficie del medio para realizar un metabolismo aerobio.

Un seguimiento regular de todos los vinos y una detección precoz del contaminante antes de la fase estacionaria son importantes, pudiendo salvar un vino destinado a la destrucción de sus cualidades aromáticas. La descontaminación ambiental de las instalaciones con ozono, y la desinfección de agua y barricas con éste garantiza la ausencia de esta y cualquier otra levadura u hongo en las bodegas.

9.1.- LAVADO DE UVA

Los clorofenoles han sido ampliamente utilizados durante décadas como plaguicidas y preservantes de la madera; como consecuencia, y debido a su alta persistencia (hasta decenios), han llegado a ser uno de los grupos más importantes y ubicuos de contaminantes, encontrándose prácticamente en todos los ecosistemas.

Asimismo, Brettanomyces, como ya hemos señalado, puede abundar en los viñedos, con lo que la levadura llega al lagar adherida a la uva, por lo que es la propia materia prima la que introduce la contaminación.

Tanto en el caso de la existencia de halofenoles como de Brettanomyces en la superficie de las uvas, un lavado de éstas con agua correctamente ozonada puede eliminar ambos problemas al destruir el ozono con facilidad tanto microorganismos como compuestos de naturaleza aromática tal que los halofenoles.

9.2.- CORCHO

Aunque está demostrado que el corcho no es el responsable del olor a moho que deteriora la calidad de los vinos, es un material susceptible de resultar contaminado con facilidad por anisoles durante su procesado, sobre todo durante el blanqueo por tratamiento con cloro, aunque también el ambiente industrial en que se producen los tapones de corcho puede ser el origen de la contaminación de éste.

Por ello, entre las medidas destinadas a la reducción del riesgo de contaminación durante la producción de tapones de corcho se cuenta la del uso de ozono para el control microbiano, así como para la desinfección del aire ambiente industrial que evitará, además de la proliferación de mohos y levaduras, la contaminación por TCA vía aérea.

9.3.- BODEGAS

Como hemos visto, la presencia de anisoles en el vino no siempre debe atribuirse al tapón de corcho (TCA endógeno), sino que a veces ocurren contaminaciones de los tapones de corcho elaborados y exentos de contaminación, ya sea durante su transporte o almacenamiento (TCA exógeno, procedente de los embalajes o del suelo del medio de transporte, o del suelo y del ambiente de la bodega); también los vinos pueden contaminarse sin tener contacto alguno con los tapones de corcho antes de su embotellado o durante el embotellado (depósitos o tuberías mal higienizadas).

Así, se ha informado de casos en los que el cartón de embalaje de los tapones o el suelo del medio de transporte o el lugar de almacenamiento contenían clorofenoles como resultado del uso de tratamientos a base de cloro para el blanqueo del cartón o la higiene del suelo, así como otros casos de contaminación durante la crianza en barricas mal destartarizadas en las que pueden quedar microorganismos que, si se aporta cloro en las aguas de lavado, podrían sintetizar TCA.

En un informe preventivo en relación al TCA, elaborado y distribuido en el año 2000 por C.R.D.O. "Ribera del Duero", se detallan cuatro puntos de control críticos (PCC) en la elaboración de tapones y vinos:

- ✓ Maderas (barricas de roble, jaulones, cuñas, cerchas, cubiertas, tarimas y otros ornamentos) tratadas contra el ataque de hongos (pentaclorofenol).

- ✓ La cloración de las aguas (clorofenoles)

- ✓ El corcho, empezando por la corteza del alcornoque (cloroanisol) y su proceso de transformación.

- ✓ El control de humedad en las bodegas y el cuidado en las operaciones de embotellado.

El ozono constituye una provechosa solución del problema de la contaminación de los vinos con olores y sabores extraños, atacándolo a dos niveles:

Elimina los precursores:
- **CLORO**, al sustituirlo en las tareas de limpieza y desinfección.
- **HALOFENOLES**, que son degradados por el O_3.

Elimina los agentes productores:
- **Hongos filamentosos** (tanto en su forma vegetativa como sus esporas)
- ***Brettanomyces* y *Dekkera*,**

10 MÁS APLICACIONES IMPORTANTES. APLICACIONES INDUSTRIALES

En algún sitio algo increíble espera ser descubierto.
Carl Sagan

10.1. GUARDERÍAS Y ESCUELAS INFANTILES

PROBLEMAS

✓ **INFECCIONES Y CONTAGIOS**

Los alumnos de un colegio se exponen cada día a posibles infecciones y contagios provocados por hongos, virus y bacterias, en especial en el caso de los niños más pequeños.

✓ **ALERGIAS**

Entre las consecuencias más comunes de la contaminación química o biológica se encuentran el malestar general, dolores de cabeza, estornudos, irritación de las mucosas y alergias de todo tipo.

✓ **EPIDEMIAS DE GRIPE**

Los virus de la gripe se transmiten por vía aérea, pero también pueden contagiarse por tocar superficies que tienen el virus y llevarse luego las manos a la boca o la nariz.

✓ **SUPERFICIES Y MATERIAL DE DIFÍCIL DESINFECCIÓN**

Existe gran cantidad de material (juguetes, lápices, libros…) de uso común, que constituye un auténtico nido de gérmenes al resultar su desinfección difícil mediante los métodos convencionales.

✓ **APARICIÓN DE OLORES DESAGRADABLES**

SOLUCIONES COSEMAR

- ✓ **DESINFECCIÓN DEL AIRE AMBIENTE MEDIANTE SISTEMAS DE FILTRADO DE ALTA EFICACIA**

  Eliminando así todo tipo de partículas, tanto alergenos como microorganismos, con lo que se consigue minimizar los contagios y alergias derivados de la carga microbiológica del aire.

- ✓ **DESINFECCIÓN DE SUPERFICIES DE DIFÍCIL LIMPIEZA**

  Mediante el uso de esterilizadores portátiles de UV, de uso fácil y seguro, se garantiza la correcta desinfección de superficies de uso común como los pomos de las puertas, libros y cualquier otro material escolar no resistente al agua que los niños se seuelen llevar a la boca con frecuencia.

- ✓ **USO DE AGUA OZONIZADA** para la limpieza de superficies (mesas, vajillas, etc.), dejándolas así desinfectadas.

- ✓ **PROPORCIONA UN AMBIENTE FRESCO AL ELIMINAR LA CONTAMINACIÓN QUÍMICA** del ambiente, al poder desactivar aldehídos, cetonas, derivados nitrogenados, derivados del azufre, hidrocarburos, ácidos, etc., lo que se traduce en una mejora del ambiente a nivel de compuestos que son nocivos para la salud, enrarecen el ambiente, provocando una sensación de ausencia de oxígeno, producen malos olores y pueden llegar a producir irritaciones, reacciones alérgicas, etc.

Los purificadores eliminan también otros productos químicos muy tóxicos, como es el caso del monóxido de carbono (CO), que convierte en dióxido de carbono (CO_2) no perjudicial para la salud, o el de los plaguicidas utilizados para controlar la aparición de insectos o roedores

✓ **ACABA CON TODO TIPO DE OLORES:** la acción desodorizante del ozono no es debida a un simple efecto de camuflaje del olor, sino que se trata de una verdadera destrucción química de éste, al descomponerse las moléculas que lo provocan. Por su gran poder oxidante, el ozono destruye toda clase de olores desagradables, teniendo su mayor acción frente a los olores de procedencia orgánica.

Para saber más sobre estos tratamientos, sigue el enlace: http://www.youtube.com/watch?v=4UHnO0EWgk8

10.2. DESINFECCIÓN DE VEHÍCULOS

PROBLEMAS

✓ Olores característicos del uso que damos al vehículo: fumadores, niños, mascotas, etc., van dejando impregnado su olor en el habitáculo, de manera que rápidamente olvidamos la sensación de abrir la puerta y que huela "a nuevo".

✓ El interior de los vehículos puede convertirse en un auténtico vivero de hongos, virus y bacterias, sobre todo en los conductos de los climatizadores, donde se dan las condiciones óptimas para su crecimiento, constituyendo un auténtico riesgo para la salud de los usuarios.

✓ Como consecuencia de lo anterior: alergias, contagios de diversas enfermedades, dolores de cabeza y malestar.

SOLUCIONES COSEMAR

✓ Con la ozonización del aire del habitáculo, haciéndolo recircular a través del sistema de aire acondicionado, se consigue restituir a los vehículos ese preciado olor a nuevo, además de asegurar la desinfección más eficaz conocida hasta el momento.

✓ El ozono elimina todo tipo de olores (vómito, tabaco, mascotas, caza...) y agentes químicos tóxicos derivados de combustiones y de los materiales del vehículo, como los compuestos orgánicos volátiles (COV).

✓ Erradica los agentes contaminantes adheridos en paredes, suelos, techos y asientos, así como aquellos que están suspendidos en el aire: bacterias, virus y hongos.

✓ Desinfección eficaz de los conductos de aire acondicionado.

✓ Sin residuos químicos añadidos. Idóneo para alérgicos.

✓ Máxima rapidez en los tratamientos, que pueden llevarse a cabo con facilidad durante el proceso de lavado normal.

En resumen, este tratamiento es excelente para mantener la higiene y la sensación de "coche nuevo", sobre todo en los vehículos donde ha ocurrido algún percance (vertido de alimentos, transporte de mascotas, vómitos, vehículos de fumadores...) en los que puede haber, por tanto, olores y niveles altos de contaminación.

Para ver un testimonio sobre este uso del ozono, sigue el enlace: http://www.youtube.com/watch?v=dxiXeJVQN7Y

10.3. PANIFICADORAS

PROBLEMAS

- ✓ Alta carga microbiana de la harina debida a factores externos como parásitos extraños al cereal, (gorgojos, polillas, ácaros, larvas...), levadura, manipulación y procesado.

- ✓ A pesar de que, una vez preparada la masa, esta debe ser horneada, y de que en el interior del pan se alcanza un temperatura de 80-100ºC, capaz de eliminar la mayor parte de los microorganismos de la masa, estas temperaturas no aseguran la eliminación de las esporas de dichos microorganismos, al ser estas las formas de resistencia que desarrollan los microbios ante condiciones adversas, por lo que son muy resistentes.

- ✓ Las alteraciones más frecuentes son debidas a esporas bacterianas del tipo *Bacillus megaterium*, *Serratia marcescens*, (pan sanguinolento), y en productos de repostería *Salmonella sp..* y *Clostridium sp.*

✓ En cuanto a los hongos, más frecuentes en la harina por su bajo contenido en agua y por su preferencia por los hidratos de carbono, las alteraciones más frecuentes son debidas a los mohos de los géneros *Rhizopus, Penicillium, Aspergillus, Monilia, Mucor* y *Geotrichum.*

✓ Una vez horneado el pan, las esporas pueden germinar en su interior, dando lugar a enmohecimientos y alteraciones en el aspecto del producto final, con los costes económicos y de imagen que esto supone, e incluso pueden llegar a ocasionar un brote de toxiinfección alimentaria, de consecuencias aún más graves.

✓ El producto final es susceptible de contaminarse, degradarse por descomposición y acción bacteriana y, en fin, de resultar no apto para el consumo, durante su envasado o almacenaje, lo que constituye un auténtico despilfarro del esfuerzo productivo, tanto en términos humanos como económicos

SOLUCIONES COSEMAR

Mediante la utilización correcta de la tecnología del ozono pueden conseguirse los siguientes resultados:

✓ Masas libres de microorganismos y esporas

✓ Aplicado en el agua de amasado, el ozono consigue eliminar los gérmenes que pudiera haber en la harina, dando lugar a masas madre limpias que no se estropean desde dentro tras el horneado, al estar libres de esporas que pueden germinar tras el mismo.

✓ Masas más blancas

✓ Además, el ozono ejerce una acción blanqueante en la masa debido a su interacción con los hidratos de carbono, por lo que el pan resultante será más blanco y presentará un aspecto más apetitoso.

✓ Aumenta la velocidad de fermentación

✓ El uso de gua ozonizada en el proceso de amasado, al eliminar los contaminantes de la harina y evitar contaminaciones posteriores, favorece la acción de las levaduras, al acabar con los microorganismos competidores, por lo que la fermentación es más rápida, reduciéndose el tiempo del proceso. Este hecho tiene como consecuencia directa la mayor digestibilidad del pan así elaborado, ya que la rápida fermentación favorece la hidrólisis del gluten.

✓ Consigue mejorar las características organolépticas del pan

✓ El agua ozonizada amasada con la harina consigue, como ya se ha dicho, masas madre más blancas, y un pan con mayor volumen, con una miga más blanca y homogénea, así como más esponjosa por el aumento en la velocidad de fermentación e hidrólisis del gluten, una corteza más crujiente y duradera y una greña superior.

✓ Supone un ahorro en aditivos y estabilizantes

✓ Normalmente, a fin de eliminar la contaminación de las masas madre, se utilizan aditivos como el ácido sórbico y sus sales (sorbato sódico y calcio), propionato de calcio etc. Estos aditivos a menudo causan problemas en la alteración del sabor y olor del pan, así como en el volumen del mismo, ya que obstaculizan la acción de las levaduras.

✓ El Ozono evita estos inconvenientes sustituyendo eficazmente estos aditivos en su función desinfectante, y ello sin representar inconveniente alguno para la masa, sino todo lo contrario como hemos expuesto hasta ahora, con el consiguiente ahorro en el uso de estos y otros mejorantes, como el ácido ascórbico cuya misión es lograr una masa más blanca.

✓ Prolonga la vida media de los productos en cámaras y almacenes

✓ El ozono aplicado en aire solventa también el problema de contaminaciones cruzadas y aumento de la vida útil en el almacenaje, ya que actúa en la superficie del producto eliminando o impidiendo la multiplicación de los microorganismos responsables de la descomposición y enmohecimiento que, habitualmente, estropean los alimentos. Esto es especialmente importante en el caso del pan de molde, propenso a enmohecerse con rapidez.

✓ Sin residuos y con plazos de seguridad cortos

✓ El ozono se descompone sin dejar rastro en los alimentos o el agua de elementos que puedan ser perjudiciales para la salud o el medio, además de no ceder ningún sabor al alimento.

✓ Por otra parte, al ser su vida media tan corta por su alta reactividad, los plazos de seguridad para su aplicación sólo son necesarios en el caso de tratamientos con altas concentraciones del gas (tratamientos de choque), siendo del orden de media hora.

✓ No afecta las características organolépticas de los alimentos

✓ El ozono no altera las características organolépticas de los alimentos tratados con él, ya que actúa únicamente en superficie. Hay varios estudios llevados a cabo por Universidades españolas, en los que se ha demostrado que su uso no afecta negativamente a las características organolépticas de los alimentos. En este caso, como decimos, incluso las mejoran ostensiblemente.

✓ Su uso está autorizado en presencia de personas y alimentos

✓ Así como en aire de cámaras frigoríficas (Norma española UNE 400-201-94, recomendaciones de seguridad en generadores de ozono para tratamiento de aire; Real Decreto 168/1985, de 6 de febrero, por el que se aprueba la reglamentación técnico-sanitaria sobre condiciones generales de almacenamiento frigorífico de alimentos y productos alimentarios; Real Decreto 140/2003, de 7 de Febrero, por el que se establecen los criterios sanitarios de la calidad del agua de consumo humano; FDA - Administración Americana de Alimentos y Medicamentos-). Asimismo el ozono está incluido en la Directiva 98/8/CE del Parlamento Europeo y del Consejo de 16 de febrero de 1998, relativa a la comercialización de biocidas.

10.4 GERIÁTRICOS Y AFINES

PROBLEMAS

✓ Infecciones cruzadas y nosocomiales

✓ Falta de higiene de superficies de uso común y difícil desinfección como mandos de televisores y camas, pomos de puertas, interruptores.

✓ Falta de desinfección en colchones y almohadas, así como en textiles (cortinas, sillas, colchas…)

✓ Olores desagradables (a "enfermo") debidos a la ocupación y tratamientos de los pacientes.

SOLUCIONES COSEMAR

✓ **GRAN CAPACIDAD DESINFECTANTE:** es efectivo frente a gran número de microorganismos sobre los que actúa con gran rapidez y a bajas concentraciones, debido a su alto potencial de oxidación. Elimina tanto bacterias como hongos y sus esporas.

✓ **ELIMINA EL RIESGO DE INFECCIONES CRUZADAS Y NOSOCOMIALES:** al poder ser aplicado en aire, asegura la destrucción de los numerosos microorganismos presentes en el aire de interiores, disminuyendo así el peligro de infecciones en personas inmuno-deprimidas.

✓ **SU USO ESTÁ AUTORIZADO EN PRESENCIA DE PERSONAS**, estando regulado por la "Norma española UNE 400-201-94: Generadores de ozono. Tratamiento de aire. Seguridad química", basada en las Recomendaciones de la Organización Mundial de la Salud (OMS)

✓ **PROPORCIONA UN AMBIENTE FRESCO AL ELIMINAR LA CONTAMINACIÓN QUÍMICA** del ambiente, ya que desactiva aldehídos, cetonas, derivados nitrogenados, derivados del azufre, hidrocarburos, ácidos, etc., lo que se traduce en una mejora del ambiente a nivel de compuestos que son nocivos para la salud, enrarecen el ambiente provocando una sensación de ausencia de oxígeno, producen malos olores y pueden llegar a producir irritaciones, reacciones alérgicas, etc.

El ozono se revela también como oxidante de otros productos químicos muy tóxicos, como es el caso del monóxido de carbono (CO), que convierte en dióxido de carbono (CO_2) no perjudicial para la salud, o el de los plaguicidas utilizados para controlar la aparición de insectos o roedores

✓ **ACABA CON TODO TIPO DE OLORES**: la acción desodorizante del ozono no es debida a un simple efecto de camuflaje del olor, sino que se trata de una verdadera destrucción química de éste, al descomponerse las moléculas que lo provocan. Por su gran poder oxidante, el ozono destruye toda clase de olores desagradables, teniendo su mayor acción frente a los olores de procedencia orgánica.

Para ver un testimonio de este uso del ozono, sigue el enlace: http://www.youtube.com/watch?v=dUiBeUjvw7w

10.5. GRANJAS AVÍCOLAS

PROBLEMAS

✓ En el transcurso del proceso productivo de una planta avícola, se incorporan a las cintas, la maquinaria en general, el suelo y el ambiente (en forma de aerosoles), cantidades importantes de compuestos orgánicos (proteínas, aminas, derivados azufrados, gotas de grasa, etc.), así como una carga bacteriana, de origen entérico y capacidad de vehiculación hídrica, considerable (enterobacterias, coliformes, *E. coli*, estreptococos fecales, *Shigella, s.p.*, estafilococos, *Pseudomona*s, flora esporulada, etc.), sin olvidar la posibilidad de que ocasionalmente pueda producirse una contaminación de componentes y sistemas por *Legionella pneumophila*.

✓ Uso de aguas con una carga microbiológica elevada, lo que conlleva la re-contaminación sistemática de las líneas de trabajo en los aclarados, lo que conlleva la aparición de posteriores fenómenos de acantonamiento bacteriano y resistencias cruzadas.

✓ **SALAS DE PONEDORAS**: en esta zona se genera una importante contaminación en el aire ambiental mediante un mecanismo de contaminación cruzada que, con origen en las gallinas (heces), se traslada y difunde por todo el perímetro de la sala. Además existe un nivel de amoniaco entérico que perjudica y aumenta los niveles de toxicidad del habitáculo.

✓ **SALAS DE CLASIFICACIÓN**: a estos recintos de manipulación llegan los huevos como producto final, y como paso previo al envasado. Por ello, es el último punto en el que se puede incidir en la calidad sanitaria del producto. Así, toda la flora microbiológica que se haya incorporado a las piezas (fundamentalmente flora entérica, mucho más abundante en superficie por razón natural), debe eliminarse mediante un sistema de cepillado y limpieza en seco; deben, asimismo, mantenerse unos niveles de alta desinfección en la sala.

✓ **ALMACENES DE PRODUCTO FINAL**: se trata de mantener los niveles de contaminación ambiental de origen en niveles mínimos, a fin de que el producto no se contamine antes de su salida de la planta.

SOLUCIONES COSEMAR

Mediante la utilización correcta de la tecnología del ozono pueden conseguirse los siguientes resultados:

✓ **Desinfección del aire de las salas de ponedoras**, eliminando a la vez los microorganismos contaminantes y los compuestos nitrogenados, así como los olores derivados de estos y de la actividad normal de las gallinas.

✓ **Tratamiento ambiental en continuo durante el día en las salas de clasificación y tratamiento de choque**, con aumento de concentración de ozono durante la noche, mediante inyectores cubriendo el perímetro del recinto.

Con este sistema de desinfección en continuo, actuamos en las superficies contaminadas de las piezas, impidiendo o dificultando la penetración de microorganismos hacia el producto.

✓ **Tratamiento en continuo de almacenes y cámaras frigoríficas** a fin de evitar la contaminación de la superficie del producto durante su almacenaje.

✓ **Desinfección continuada de las conducciones** de los sistemas de refrigeración (eliminación de bacterias, hongos, virus y esporas.)

✓ **Destrucción de los contaminantes químicos** depositados en las tuberías de conducción (de aire y de agua.)

Destrucción total o parcial de los contaminantes químicos ambientales y del agua que deterioran las características organolépticas del producto (causantes de malos olores y sabores.)

✓ **Desinfección de las aguas de proceso** y de los locales de trabajo (destrucción de microorganismos varios.)

✓ **Desinfección de las superficies de trabajo**, con la utilización de agua ozonizada en las operaciones de aclarado final en los protocolos de limpieza -desinfección.

✓ En resumen, el uso del ozono representa la utilización de un agente desinfectante eficaz, seguro, sin valor residual, que no traslada sabores, olores ni aspecto "extraños" a los elaborados.

Para ver un testimonio de este uso del ozono, sigue el enlace: http://www.youtube.com/watch?v=UCcGboYOlPY

10.6. DESINFECCIÓN DE COLCHONES

PROBLEMAS

✓ Contaminación biológica: falta de desinfección en colchones, que pueden estar poblados por microorganismos de todo tipo de difícil erradicación.

Debido a esto, los clientes de un hotel se exponen cada día a posibles infecciones y contagios provocados por hongos, virus y bacterias, en especial en el caso de los niños.

✓ Contaminación química: olores y compuestos derivados de los ocupantes previos, de la combustión del tabaco, etc. que quedan impregnados en los materiales de colchones y almohadas. Entre las consecuencias más comunes de la contaminación química se encuentra el molesto olor que se puede percibir en almohadas y colchones tras un uso exhaustivo por parte de numerosas personas.

✓ Esto, en la mayoría de los casos, implica quejas y reclamaciones por parte de los clientes y una solicitud de cambio de habitación, con la consecuente pérdida de buena imagen y reputación del hotel.

✓ Chinches de cama (*Cimex lectularius*): su presencia en una habitación de hotel puede representar una auténtica ruina, ya que son difíciles de erradicar, se trasladan con facilidad de una habitación a otra y pueden constituirse en una plaga que obligue al hotel incluso al cierre temporal; sin contar con los graves perjuicios de imagen que semejante situación puede originar y que son difícilmente reversibles.

SOLUCIONES COSEMAR

✓ **Desinfección completa del colchón**, tanto del interior, que puede constituir un reservorio de gérmenes, como del exterior, quedando listo para el nuevo ocupante sin que suponga riesgo alguno para su salud.

✓ **Minimiza los riesgos de contagio de la gripe, incluida la gripe A (H1N1):** la forma de transmisión entre seres humanos de cualquier tipo de gripe, tanto la estacional como la gripe A, se produce por vía aérea, y principalmente cuando una persona con gripe tose o estornuda. Algunas veces, las personas pueden contagiarse al tocar algo que tiene el virus de la gripe y luego llevarse las manos a la boca o la nariz, o al apoyar la cara sobre el colchón o almohada usados previamente por un portador del virus.

✓ **Eliminación de olores que permanecen impregnados en el material del colchón**, por lo que de otra manera su eliminación resulta prácticamente imposible. Estos olores son, por regla general, el indicio más patente que un huésped tiene del uso de ese mismo colchón por otras personas que han dormido en la habitación con anterioridad, lo que resulta motivo suficiente de malestar y desasosiego.

Con nuestro tratamiento integral de colchones, además del ahorro en consumibles que supone el eliminar el uso de ambientadores químicos, la sensación de colchón nuevo puede ser restablecida con facilidad. **La acción desodorizante del ozono** no es debida a un simple efecto de camuflaje del olor, sino que se trata de una verdadera **destrucción química** de éste, al descomponerse las moléculas que lo provocan.

El ozono, en suma, por su gran poder oxidante, destruye toda clase de olores desagradables, teniendo su mayor acción frente a los olores de procedencia orgánica (derivados de la presencia de personas.)

✓ **Evita riesgos de alergias**: los compuestos químicos empleados en las tareas de limpieza y desinfección, el humo de tabaco, pólenes y todo tipo de partículas que el polvo transporta, pueden llegar a suponer un gran riesgo para los usuarios de las instalaciones de un hotel, sobre todo en el caso de grupos especialmente sensibles, como son las personas mayores o las asmáticas. Con el tratamiento integral de colchones de Cosemar Ozono se evitan estos riesgos, al eliminar nuestros equipos todo tipo de alérgenos: partículas nocivas, ácaros, polen y compuestos químicos tóxicos que el colchón pudiera tener retenidos.

✓ **Eliminación de insectos:** el tratamiento integral de colchones, a pesar de estar concebido fundamentalmente para la desodorización y desinfección de los mismos, es decir, para la eliminación de microorganismos, ha demostrado ser eficaz asimismo en la eliminación de otro tipo de organismos que suelen generar problemas más graves al ser su acción más directa y visible que la de los microbios. Nos referimos a los chinches de cama, *Cimex lectularius*. Esta es la especie de chinche que mejor se ha adaptado al entorno humano. Se encuentra en climas templados de todo el mundo y se alimenta de sangre. Con el tratamiento de colchones de Cosemar Ozono, se eliminan las chinches de cama, así como los huevos que pueden haber depositado en el colchón.

10.7. CLÍNICAS PODOLÓGICAS

PROBLEMAS

En las clínicas podológicas la calidad del aire supone un problema doble, al implicar no sólo a los pacientes, que reclaman un aire limpio y sin olores sino, y en mayor medida, al personal laboral, expuesto a posibles contaminantes tóxicos durante toda la jornada.

✓ Presencia de partículas en suspensión: constituye uno de los principales riesgos para trabajadores y pacientes en cualquier recinto cerrado, ya que engloba cuerpos de todo tipo (microorganismos, ácaros, polen, epitelio…).

✓ Neumonía del podólogo: la inhalación de la mezcla de partículas respirables y hongos durante los tratamientos, que se repiten con distintos pacientes varias veces al día, genera con mucha frecuencia una micosis pulmonar conocida como "neumonía del podólogo", y que constituye uno de los principales riesgos asociados a esta profesión.

✓ Falta de higiene en las cintas de diagnóstico: estos aparatos reciben al cabo del día las pisadas de muchas personas, por lo que una desinfección eficaz es imprescindible; además, para poder desinfectar de paciente a paciente, se requiere un método de aplicación sencilla y rápida.

SOLUCIONES COSEMAR

Tanto en las salas de espera, donde la contaminación del aire suele ser alta por la carga que portan los propios pacientes, como en las salas de trabajo, donde se generan cargas estáticas, se liberan microorganismos y se emiten partículas sólidas al aire debido a los procesos inherentes a la podología, los sistemas de purificación de Cosemar Ozono aseguran la consecución de un espacio saludable.

✓ La filtración del aire mediante los tres primeros elementos que conforman nuestros sistemas permite retener partículas de polvo que portan una gran cantidad de alérgenos, microorganismos y ácaros. Posteriormente, y tras una filtración de alta eficiencia (HEPA) se produce la desinfección del aire por medio de un catalizador de Dióxido de Titanio y la acción de los rayos Ultra Violeta. Finalmente el aire vuelve al ambiente ionizado.

✓ Se puede aumentar la seguridad de las clínicas podológicas mediante el uso de ozono inyectado a pequeñas concentraciones en el aire ambiente durante las horas de trabajo y/o con tratamientos de choque durante las noches.

✓ Cintas de diagnóstico: Para estos puntos proponemos la desinfección mediante rayos UV con un esterilizador de superficies portátil. Este aparato elimina los gérmenes (hongos, bacterias y virus), de todas las superficies de una manera eficaz y completamente segura para la salud del usuario. En solo unos segundos, gracias al poder esterilizador de los rayos UV, consigue esterilizar la superficie de las cintas con una eficacia certificada del 99,99% sin tener que recurrir a sustancias químicas.

10.8. CLUBS DE FUMADORES

PROBLEMAS

El humo del tabaco acaba impregnando cada rincón de los lugares donde se fuma, de manera que es difícil reunir en un mismo local las dos condiciones ideales para un buen fumador: que fumar esté permitido y que el lugar no apeste a tabaco.

SOLUCIONES COSEMAR

Los equipos de tratamiento de aire interior de Cosemar Ozono, ofrecen la ventaja de llevar a cabo una filtración de alta eficacia que libera el aire de todo tipo de partículas nocivas o simplemente molestas para el ser humano, además de incorporar la tecnología del ozono, capaz de eliminar los olores y restos de humo impregnados en textiles y muebles.

La filtración del aire mediante los tres primeros elementos que conforman nuestros sistemas permite retener partículas de polvo que portan una gran cantidad de alérgenos, microorganismos y ácaros. Posteriormente, y tras una filtración de alta eficiencia (HEPA) se produce la desinfección del aire por medio de un catalizador de Dióxido de Titanio y la acción de los rayos Ultra Violeta. Finalmente el aire vuelve al ambiente ionizado.

Mediante un tratamiento de aire de este tipo, se consigue en cualquier lugar, incluso en los ambientes más cargados, un aire renovado, puro, fresco y libre de todo tipo de olores.

10.9. INDUSTRIA CORCHERA

PROBLEMAS

Aunque está demostrado que el corcho no es el responsable del olor a moho que deteriora la calidad de los vinos, es un material susceptible de resultar contaminado con facilidad por anisoles durante su procesado, sobre todo durante el blanqueo por tratamiento con cloro, aunque también el ambiente industrial en que se producen los tapones de corcho puede ser el origen de la contaminación de éste.

Un corcho contaminado puede dar al traste con la producción de vino de toda una añada al ser utilizado para tapar las botellas, con los costes económicos y de imagen que ello implica.

SOLUCIONES COSEMAR

Frente a la acción, manejo, peligrosidad, plazos de seguridad y eficacia de los agentes químicos utilizados habitualmente en desinfección, el ozono constituye una provechosa solución del problema de la contaminación de los vinos con olores y sabores extraños debidos a anisoles, atacándolo a dos niveles:

✓ **EL OZONO ELIMINA LOS PRECURSORES:**

> **CLORO**, al sustituirlo en las tareas de limpieza y desinfección.

> **HALOFENOLES**, que son degradados por el ozono

✓ **ELIMINA LOS AGENTES PRODUCTORES:**

> **Hongos filamentosos**, tanto en su forma vegetativa como sus esporas, que transforman los compuestos clorados en anisoles.

> *Brettanomyces* y *Dekkera*, responsables de la degradación del aroma del vino con olores medicamentosos y/o animales.

El ozono evita, además de la proliferación de mohos y levaduras, es decir, la contaminación por TCA vía aérea.

✓ **GRAN CAPACIDAD DESINFECTANTE**, eliminando tanto bacterias como hongos y sus esporas. Al poder ser aplicado tanto en solución acuosa como en aire, asegura la destrucción de los numerosos microorganismos que se encuentran en superficie o en aire.

✓ **SU USO ESTÁ AUTORIZADO EN PRESENCIA DE PERSONAS Y ALIMENTOS**, Norma española UNE 400-201-94; Real Decreto 168/1985; FDA (Administración Americana de Alimentos y Medicamentos). ofrece la posibilidad de desinfectar y mantener una atmósfera limpia.

✓ **PLAZOS DE SEGURIDAD**: sólo son necesarios en el caso de tratamientos de aire con altas concentraciones del gas, siendo entonces los plazos de seguridad del orden de media hora.

✓ **NO AFECTA LAS CARACTERÍSTICAS ORGANOLÉPTICAS** de los alimentos tratados, según recientes investigaciones de distintas Universidades con las que hemos colaborado.

10.10. TRATAMIENTOS PARA PREVENCIÓN DE *LEGIONELLA*

PROBLEMAS

✓ La legionelosis es una enfermedad multisistémica que cursa con neumonía, ocasionada por bacterias del género Legionella. Su mecanismo de infección es a través de la inhalación de aerosoles de agua contaminada con el patógeno; de esta manera, el microorganismo entra en las vías respiratorias, donde requerirá un periodo de incubación de 2-10 días para que se presenten los síntomas que caracterizan la enfermedad; El tratamiento requiere antibióticos y cuidados de apoyo junto con hospitalización en los casos más graves.

✓ La Legionella se encuentra en varios ambientes naturales y artificiales, a partir de los cuales puede llegar a infectar numerosas instalaciones como torres de refrigeración, agua sanitaria, fuentes ornamentales, depósitos de agua, piscinas climatizadas, etc., lugares susceptibles de ofrecer el hábitat apropiado para el desarrollo de la bacteria. Este ambiente, junto con la producción de aerosoles que pueden propiciar dichas instalaciones, son los principales causantes de los brotes de legionelosis

✓ Los factores que favorecen la colonización de *Legionella* son el estancamiento de aguas, la película biológica ("biocapa") y las incrustaciones y sedimentos, donde la bacteria encuentra fácilmente su alimento.

✓ La presencia de ciertos protozoos como *Acanthomoeba* resulta asimismo peligrosa, al ser estos microorganismos capaces de soportar el crecimiento intracelular de la bacteria; en su interior se puede amplificar rápidamente alcanzando, en poco tiempo, poblaciones con gran número de individuos que encuentran así protección frente a agentes externos como pueden ser los biocidas

✓ Los sistemas mecánicos o aparatos que pueden estar implicados en casos de legionelosis son:

1. Las instalaciones de distribución de agua sanitaria, caliente y fría por la presencia de cabezas

pulverizadores que pueden producir un aerosol (por ejemplo duchas).

2. Las instalaciones de producción de agua sanitaria.

3. Los aparatos y equipos de transferencia de masa de agua en corriente de aire por pulverización mecánica o por ultrasonidos, que producen un aerosol, como torres de refrigeración, condensadores evaporativos, aparatos de humectación y enfriamiento evaporativo, las piscinas con aguas templadas, los sistemas de riego por aspersión, las bandejas de recogidas de aguas de condensación y de aparatos de humectación o enfriamiento evaporativo, los sistemas de tratamiento de aguas.

Todos estos son dispositivos que pueden actuar como amplificadores de la *Legionella*, por ser capaces de proporcionar los nutrientes y la temperatura adecuada para su multiplicación, y a la vez dispersar el agua contaminada con la bacteria al aire, en forma de aerosoles.

SOLUCIONES COSEMAR

El ozono es un desinfectante fuerte y una alternativa interesante para los biocidas químicos en el tratamiento de aguas de las torres de refrigeración. El uso del ozono en torres de refrigeración tiene grandes ventajas:

✓ Uso fácil y seguro.

✓ Costes bajos de mantenimiento.

✓ El ozono se produce in situ y no requiere ningún almacenaje.

✓ El ozono no requiere ningún desinfectante adicional.

✓ No es necesario ningún preparado con desinfectantes. El microorganismo no puede resistir al ozono después del uso prolongado de este.

✓ Eficacia alta como desinfectante. Una concentración residual del ozono de 0,1 a 0,2 ppm es en la mayoría de los casos muy eficaz para conservar la torre de refrigeración y el circuito de refrigeración limpio.

✓ Elimina protozoos del tipo *Acanthomoeba*, donde la bacteria encuentra refugio frente a otros biocidas.

✓ Elimina eficazmente la película biológica, por lo que tiene una gran eficacia contra la *Legionella*.

✓ Una eficacia más alta de los cambiadores de calor debido a la formación reducida de la película biológica.

✓ En algunos casos el ozono puede sustituir a los desinfectantes, dispersantes y también a los inhibidores. En muchos casos es posible un factor más alto de concentración.

✓ Baja los costes operacionales por lo que en muchos casos los costes totales son más bajos.

✓ El ozono es eficaz en una gama amplia de pH.

10.11. ALMACENAJE DE ALIMENTOS EN FRÍO (CÁMARAS)

PROBLEMAS

✓ Acortamiento de la vida útil del producto debida a la proliferación en superficie de microrganismo responsables de la putrefacción.

✓ Mermas de peso en carnes y pescados debido a baja humedad del ambiente.

✓ Mezcla de olores al utilizar la cámara para varios géneros: mala gestión del espacio.

✓ Vaciado de las cámaras durante días para realizar tratamientos de desinfección y cumplir los plazos de seguridad.

SOLUCIONES COSEMAR

✓ GRAN CAPACIDAD DESINFECTANTE, eliminando tanto bacterias como hongos y sus esporas. Al poder ser aplicado en aire, asegura la destrucción de los numerosos microorganismos, que se encuentran en la superficie de los productos alimenticios al introducirlos en las cámaras frigoríficas.

✓ SU USO ESTÁ AUTORIZADO EN PRESENCIA DE PERSONAS Y ALIMENTOS, así como en cámaras frigoríficas (Norma española UNE 400-201-94; Real Decreto 168/1985; FDA -Administración Americana de Alimentos y Medicamentos-). ofrece la posibilidad de desinfectar y mantener una atmósfera limpia, sin necesidad de desalojar las cámaras para llevar a cabo el tratamiento.

✓ EVITA LAS MERMAS DE PESO: otra ventaja añadida en estos casos la constituye el hecho de que la humedad relativa óptima para la aplicación del ozono está entre el 90 y 95%, por lo que se pueden controlar efectivamente los microorganismos de superficie, evitando su crecimiento, sin que el producto pierda peso. También a este respecto, las mermas de peso son debidas a la pérdida de agua, consecuencia de la descomposición microbiana de los tejidos, tanto animales como vegetales. Al paralizar el desarrollo de los microbios, las pérdidas de peso pueden verse disminuidas hasta en un 75%

✓ ALARGA LA VIDA ÚTIL DE LOS PRODUCTOS: el ozono actúa en su superficie eliminando o impidiendo la multiplicación de los microorganismos responsables de la putrefacción que, habitualmente, descomponen los alimentos y cuya presencia se hace patente por el aspecto brillante que trasmiten a la superficie del género

✓ PLAZOS DE SEGURIDAD: sólo son necesarios en el caso de tratamientos con altas concentraciones del gas, siendo del orden de de media hora.

✓ DESODORIZACIÓN ABSOLUTA así como supresión de la transmisión de olores de unos alimentos a otros, pudiéndose utilizar por tanto una misma cámara para distintos tipos de productos, mejorando con ello la gestión del espacio.

✓ NO AFECTA LAS CARACTERÍSTICAS ORGANOLÉPTI-
   CAS de los alimentos tratados, según recientes
   investigaciones de distintas universidades en las que
   hemos colaborado.

Para ver un testimonio de este uso del ozono, sigue el enlace:

http://www.youtube.com/watch?v=PZnb3xfB8c8

11 LÍNEAS CALIENTES DE INVESTIGACIÓN. I+D

En lugar de ser un hombre de éxito, busca ser un hombre valioso: lo demás llegará naturalmente.
Albert Einstein

Cosemar Ozono, en colaboración con diversas instituciones, lleva años realizando tareas de investigación y desarrollo al objeto de definir nuevas aplicaciones del ozono e introducir en el mercado tratamientos mejorados. Estas actividades de investigación científica y desarrollo tecnológico nos permiten innovar en nuestro campo, obteniendo resultados tangibles que se transforman en soluciones a problemas comunes.

11.1. LÍNEAS ACTUALES DE INVESTIGACIÓN.

En la actualidad, tenemos establecidos convenios de colaboración con varias universidades, en las que se estñan llevando a cabo estudios experimentales sobre aplicaciones del ozono en diversos campos:

- UNIVERSIDAD POLITÉCNICA DE CATALUÑA. Instituto de investigación Textil y Cooperación Industrial. Laboratorio de Tensioactivos y Detergentes. Proyecto para el estudio de la eficacia del ozono en lavandería industrial.

- ESCUELA TÉCNICA SUPERIOR DE INGENIEROS DE CAMINOS, CANALES Y PUERTOS (UNIVERSIDAD POLITÉCNICA DE MADRID), Departamento de Ingeniería Civil: Ordenación del Territorio, Urbanismo y Medio Ambiente. Planta de tratamiento integral de ozono para la recuperación de aguas residuales.

- **ESCUELA TÉCNICA SUPERIOR DE INGENIEROS AGRONOMOS (UNIVERSIDAD POLITÉCNICA DE MADRID).** Diversos estudios sobre la desinfección de soluciones recirculantes en cultivos hidropónicos.

11.2. PROYECTOS I+D FINALIZADOS

A continuación se detallan los proyectos de I+D llevados a cabo en los últimos años, todos ellos con resultados muy positivos:

11.2.a.- Estudios realizados en colaboración con diferentes universidades

- ✓ Hospital Clínico San Carlos. Madrid.- Eficacia desinfectante del agua ozonizada en el lavado de manos y en el enjuague de boca. (1990)

- ✓ Escuela Técnica Superior de Ingenieros Agrónomos. Universidad Politécnica de Madrid.- Efecto del ozono sobre la conservación del fresón (*Fragaria ananassa*) (2002)

- ✓ Escuela Universitaria de Ingeniería Técnica Agrícola. Universidad Politécnica de Madrid.- Alargamiento del periodo de conservación del tomate mediante tratamiento con ozono. (2005)

- ✓ Servicio de Medicina Preventiva del Hospital Clínico San Carlos. Madrid.-Evaluación de la eficacia de una lavadora- desinfectadora acoplada a un generador de ozono. (2005)

- ✓ Instituto de Investigaciones Marinas de Vigo. Universidad de Santiago de Compostela.- Estudio de nuevas tecnologías en la conservación de pescado mediante hielo líquido ozonizado. (2005)

✓ Escuela Técnica Superior de Ingenieros Agrónomos. Universidad Politécnica de Madrid.- Carga microbiana existente en la solución nutritiva empleada para el cultivo del fresón (*Fragaria x ananassa*) en invernadero de plástico rígido, ubicado en la provincia de Huelva en cultivo hidropónico sin sustrato con recirculación completa. (2006)

✓ Centro Tecnológico de la Industria Cárnica de la Rioja.- Estudio de la efectividad de la aplicación de ozono y agua electrolizada neutra en la reducción de *Listeria monocytogenes* en las instalaciones de la Industria cárnica de La Rioja. (2006)

✓ Escuela Técnica Superior de Ingenieros Agrónomos. Universidad Politécnica de Madrid.- Comportamiento del tomate (*Lycopersicon esculentum* Mill) durante el tratamiento post-cosecha en atmósferas ozonificadas. (2006)

11.2.b.- Estudios realizados con laboratorios independientes

✓ Estudio microbiológico en glaseadoras ozonizadas.- Experiencia realizada en JEALSA RIANXEIRA, en colaboración con las empresas MECALSA (Mecánica alimentaria, S.A.) e INTALSA.

Objetivo: Estudio microbiológico comparativo en una glaseadora clásica para procesado de lomos y rodajas de atún con y sin sistema de ozonización en circuito cerrado. (2000)

▪ Salas de oreo de industria cárnica.- Experiencia realizada en CÁRNICAS LLORENTE. Almazán (Soria), en colaboración con las empresas EBA (Estudios Biológicos Ambientales).

Objetivo: Estudio microbiológico comparativo en una industria cárnica con y sin sistema de ozonización de cámaras frigoríficas y salas de despiece. (2001)

▪ Desinfección de material de corte.- Experiencia realizada en Laboratorios Sanz & Vidal (Galicia), en colaboración con INTALSA (Instituto de Tecnología Alimentaria).

Objetivo: Evaluar la eficacia desinfectante de un sistema a base de ozono. A partir de una concentración conocida de microorganismos (Cepa *Escherichia coli* 25922, Cepa *Salmonella paratiphy* y *Cepa Listeria monocytogenes* CECT 4032) se evalúa la reducción de ufc en cuchillos sometidos a una atmósfera saturada con ozono durante 10 minutos. (2005)

▪ Disminución de la tasa microbiana en aire de cámaras frigoríficas con atmósfera ozonada.- Proyecto para la Innovación Tecnológica, resultado de la colaboración de la Federación Madrileña de Detallistas de la Carne (FEDECARNE), Cosemar Ozono, S.L., "Madrid Innova", la Unión Europea a través del Fondo Social Europeo, y la Consejería de Economía e Innovación Tecnológica de la Comunidad de Madrid.

Objetivo: Proporcionar una base sólida a la implantación de nuevas tecnologías en los detallistas de la carne de Madrid y a tal fin, realizar un estudio comparativo de la tasa microbiana, mediante los indicadores inespecíficos de aerobios mesófilos totales y hongos, en el aire de cámaras frigoríficas de almacenamiento de productos cárnicos con y sin atmósfera ozonada, a fin de comprobar la eficacia de dicho tratamiento en la desinfección de la atmósfera de las cámaras. (Diciembre, 2007)

- Evaluación de eficacia de un sistema generador de ozono en la eliminacion de microorganismos en superficies de acero inoxidable.- Estudio realizado por el laboratorio Anticimex medioambiental, S.L, con la colaboración de QUIROCARNE, S.L., industria cárnica de la Comunidad de Madrid.

Objetivo: ratificar la eficacia antimicrobiana del sistema de generación de ozono en la esterilización de cuchillos con un modelo de armario esterilizador de la marca Cosemar Ozono (España), con producciones de ozono de 17 mg/h, mediante la realización de un estudio de tasas de eliminación de microorganismos en cuchillos de uso real. (Septiembre, 2008)

- Desinfección de alimentos y manos de manipuladores mediante lavado con agua ozonada.- En colaboración con laboratorios Quimicral, S.L. Estudio financiado en parte por el IMADE.

Objetivo: Determinar la eficacia de un equipo de lavado y desinfección de manos y/o alimentos crudos, de fácil utilización y asequible, capaz de garantizar tanto la calidad higiénico-sanitaria de los alimentos, como la ausencia de productos químicos potencialmente peligrosos para la salud del consumidor. (Diciembre, 2009).

11.3. TESIS DOCTORALES

Merced a estos años de colaboración con universidades, se han publicado varios proyectos de fin de carrera y tesis doctorales con los resultados obtenidos en los estudios de las distintas aplicaciones del ozono:

- Tesis Doctoral de Dª. RITA LISSETH RODRÍGUEZ PÉREZ, Ingeniera Civil, "Influencia de los fármacos presentes en el agua residual sobre la resistencia de la bacteria *Escherichia coli* y su eliminación por oxidación avanzada". Departamento de Ingeniería Civil: Ordenación del Territorio, Urbanismo y Medio Ambiente. ESCUELA TÉCNICA SUPERIOR DE INGENIEROS DE CAMINOS, CANALES Y PUERTOS (UNIVERSIDAD POLITÉCNICA DE MADRID).

- Tesis doctoral de D. GERARDO ENRIQUE GORDILLO DE COSS, Ingeniero Civil, "Investigación técnica y económica sobre desinfección de aguas residuales por sistemas de oxidación". Departamento de Ingeniería Civil: Ordenación del Territorio, Urbanismo y Medio Ambiente. ESCUELA TÉCNICA SUPERIOR DE

INGENIEROS DE CAMINOS, CANALES Y PUERTOS (UNIVERSIDAD POLITÉCNICA DE MADRID).

* Proyecto fin de Carrera de D. Félix Pérez Dueñas, Ingeniero Técnico Agrícola, Premio Cátedra Mercamadrid 2007, "Estudio experimental sobre la conservación de pescado mediante hielo líquido". ESCUELA TÉCNICA SUPERIOR DE INGENIEROS AGRÓNOMOS (UNIVERSIDAD POLITÉCNICA DE MADRID).

11.4. PUBLICACIONES

Desde el Departamento de I+D, a cargo de nuestra Dirección Técnica, se han publicado los siguientes artículos en revistas científicas y técnicas especializadas, así como en libros de resúmenes de diferentes congresos.

✓ "El ozono en la higiene alimentaria", Frío y Clima, 44, 13-15. Julio, 2004.

✓ "El ozono en el tratamiento de ambientes interiores", Montajes e instalaciones, 395, 69-73. Junio, 2005.

✓ "Estudio microbiológico de la calidad y mejora del aire ambiente en guarderías de la CAM", Revista de Salud Ambiental, SESA, V-1, 37-38. Junio 2005.

✓ "Desinfección en continuo de conductos de aire acondicionado con ozono", Instalaciones y técnicas del confort", 170, 56-65. Julio, 2005.

✓ "Ozono: la alternativa a los agentes químicos en la desinfección de cámaras frigoríficas", Revista de Toxicología (órgano oficial de la Asociación Española de Toxicología), 22 (2), 109. Septiembre, 2005.

✓ "El ozono en la calidad del aire ambiente", Gestión de hoteles y restaurantes", 68, 24-29. Abril, 2006.

✓ "Estudio de indicadores de la calidad de tomate conservado en atmósfera ozonizada", Alimentaria, 373, 124-129. Mayo, 2006.

✓ "Tratamiento avanzado de aguas residuales para riego mediante oxidación con ozono: una alternativa ecológica", Comunicación Técnica en el 8º Congreso Nacional del Medio Ambiente (CONAMA), Cumbre del Desarrollo Sostenible, Fondo documental, Diciembre de 2006.

✓ "Reutilización de aguas residuales para riego mediante oxidación con ozono: una alternativa ecológica", Riegos y Drenajes XXI, 152, 42-50. Enero/Febrero, 2007.

✓ "Desinfección innovadora para la industria vitivinícola: solución a los problemas de anisoles y Brettanomyces", Libro de Comunicaciones de Tecnoplagas 07, Convención Internacional de Tecnologías de Control de Plagas y sanidad Ambiental", AMED, Febrero, 2007

✓ "Parámetros a considerar en la calidad del aire: sistemas de filtración, desinfección e ionización", Montajes e instalaciones, 427, 91-95. Mayo, 2008.

- ✓ "El ahorro de agua en lavanderías industriales con la tecnología del ozono", Comunicación Técnica en el 9º Congreso Nacional del Medio Ambiente (CONAMA), Cumbre del Desarrollo Sostenible, Fondo documental, Diciembre de 2008.

- ✓ "Desinfección de alimentos mediante lavado con agua ozonada", Libro de Comunicaciones del 4º Congreso Internacional de autocontrol y alimentos inocuos para proteger la salud, Mayo, 2010.

- ✓ "Lavado de gases: tratamiento con ozono por vía húmeda" Comunicación Técnica en el 10º Congreso Nacional del Medio Ambiente (CONAMA), Fondo documental, Noviembre, 2010

- ✓ "La desinfección con ozono en seguridad alimentaria: claves para la Eliminación de Entéricos (*Salmonella, Listeria, E. coli*), y fitosanitarios en alimentos frescos", Libro de resúmenes del 1er Congreso Internacional de Seguridad Alimentaria, ACOFESAL, 70-71. Junio, 2012.

12 CIENCIA DEL OZONO: NUESTRO BLOG

La verdad jamás daña a una causa que es justa
Mahatma Gandhi

Con el fin de poner nuestro conocimiento y experiencia en el mundo del ozono al servicio de cualquier persona con inquietuides o curiosidad respecto a sus numerosos usos como biocida ecológico, creamos el blog "*Ciencia del Ozono*" que, a lo largo de su relativamente corta existencia, se ha convertido en el portal de referencia en España sobre la tecnología del ozono como desinfectante de uso ambiental, alimentario e industrial.

El blog está orientado tanto a equipos de uso doméstico, como profesional e industrial, y pretende servir como instrumento de divulgación asequible, cuyo fin es dar a conocer esta excelente herramienta de desinfección que constituye el ozono, del que tan poco se sabe y que tanto puede ayudarnos a mejorar la calidad del aire que respiramos, de los alimentos que ingerimos e incluso del agua en que nos bañamos.

Aquí puedes encontrar información sobre los usos más insospechados del ozono, además de desechar prejuicios debidos a malentendidos e información deficiente que hace que, generalmente, se confunda el uso del ozono como biocida con los problemas de la presencia de oxidantes nocivos en el aire de las ciudades, por ejemplo.

El comité científico de nuestro blog está compuesto por:

- D. Ángel Manuel Sereno Marchante, Presidente de Cosemar Ozono.

- Dra. Dª. María del Mar Pérez Calvo, Directora Técnica de Cosemar Ozono. Dr. en Ciencias Biológicas.

- Dra.Dª. Encarna Aguayo Giménez, Profesora Titular de Escuela Técnica Superior de Ingenieros Agrónomos de Cartagena, en el Área de Tecnología de Alimentos. Dra. Ingeniero Agrónomo y Diplomada Superior en Ingeniería y Aplicaciones del Frío.

- Dr. D. José María Durán Altisent, Catedrático de Universidad en la ETSIA de la Universidad Politécnica de Madrid. Dr. Ingeniero Agrónomo y Licenciado en Farmacia.

- D. Ángel Fernández Ipar, Decano del Colegio Oficial de Biólogos de la Comunidad de Madrid. Licenciado en Biología.

- D. Luis Javier Ruiz Martín Peñasco, Subdirector General de Cosemar Ozono. Licenciado en Biología.

- Dra. Dª. Isabel del Castillo González, Profesora en la Escuela Técnica Superior de Ingenieros de Caminos, Canales y Puertos de la Universidad Politécnica de Madrid. Dra. en Ciencias Biológicas.

- D. Eduardo Gómez Beser, Director General de los laboratorios agroalimentarios Gómez Beser. Licenciado en Farmacia.

- D. Gonzalo Pascual Álvarez, Jefe de Bioseguridad y Biocontención del Laboratorio de Alta Contención del INIA. Licenciado en Biología.

- Dr. D. Santiago Aubourg, Profesor de Investigación del CSIC. Dr. en Ciencias Químicas.

- Dr. D. Joan García Cazorla, Coordinador del Laboratorio Enológico de INCAVI. Dr. en Farmacia

- D. Luis Romero Mendoza, Director General de Laboratorios Labocor, Licenciado en Farmacia.

- Dª. Avelina Bellostas Ara, Directora Técnica HdosO. Ingeniera Química Industrial

- Dña. Pilar Martínez Raposo-Piedrafita, Directora General HdosO. Licenciada en Veterinaria.

- Dª. Virginia Rosa Díaz, Directora General de Laboratorio Sayco, Licenciada en Farmacia.

Una de las acciones emprendidas con fines divulgativos desde *Ciencia del Ozono*, ha sido la convocatoria de la primera edición del **Concurso Universitario de Ciencia del Ozono,** con el fin de reforzar y potenciar el conocimiento del ozono como desinfectante natural para el tratamiento de aire y agua, así como para ayudar a la colectividad de universitarios en sus investigaciones y conocimientos.

Este concurso está dirigido a alumnos, diplomados, licenciados y doctores de cualquier Universidad y Facultad, que se encuentren cursando estudios relacionados con Ciencias de la Salud (Biología, Farmacia, Medicina, Veterinaria, Ciencias Ambientales, Químicas e Ingenierías, Ingenieros agrónomos y de Caminos, canales y puertos, etc.)Los participantes enviaron artículos sobre las siguientes categorías:

- El ozono en la Industria agro-alimentaria
- El ozono en la Higiene ambiental
- El ozono en el tratamiento de aguas
- Ventajas ambientales de los tratamientos de ozono.

A modo de ejemplo, publicamos a continuación una selección de los mejores artículos recibidos en el blog:

AUTOR: Aitor Barrilero

UTILIZACIÓN DEL OZONO PARA LA REMEDIACIÓN DE AGUAS SUBTERRÁNEAS

INTERÉS CIENTÍFICO

Con el aumento de la población mundial se produce una mayor demanda de agua y alimentos pero también el que seamos cada vez más en este planeta trae consigo un aumento de la contaminación de los recursos disponibles. El agua utilizada por el hombre con fines domésticos, industriales y agrícolas vuelve a los cauces de los ríos, los lagos y aguas subterráneas con una carga de contaminantes físicos, químicos y biológicos en una cantidad considerable.

Por otra parte, el cambio climático también incide en la calidad de las aguas subterráneas. En una reciente investigación del Commonwealth Scientific and Industrial Research Organisation (CSIRO) en Australia, y del Servicio de Investigación Agrícola (ARS, en inglés) en Estados Unidos, utilizaron un modelo de suelo-agua-vegetación que representaba el agua absorbida por el suelo, el flujo de agua, y el almacenamiento en el suelo, así como la evaporación de superficie, la captación vegetal, la transpiración del agua, y el drenaje profundo debajo de las raíces de árboles y céspedes que actúan como mecanismo de recarga del manto freático.

Los modelos con los que se efectuaron las simulaciones mostraron que los cambios en las temperaturas y en la lluvia afectaron a las tasas de crecimiento y al tamaño de las hojas de las plantas, lo que impacta sobre la recarga del manto freático. En algunas áreas, la respuesta de la vegetación al cambio climático causaría que la recarga media disminuyera, pero en otras áreas la recarga del manto freático sería de más del doble que la actual.

Por todo ello, es un objetivo primordial conservar los recursos hídricos y sobre todo mejorar su calidad.

ALTERACIONES EN LAS AGUAS SUBTERRÁNEAS

Hay que tener en cuenta que los principales mecanismos de introducción de la contaminación a las aguas subterráneas son generalmente su arrastre a través de las zonas de recarga del acuífero, su introducción por inyección directa y por alteración del régimen de flujo en el acuífero

Las principales fuentes contaminantes y los posibles efectos causados en las aguas subterráneas son (Tabla 1):

Tabla 1: Tipos de fuentes y contaminación causada en las aguas subterráneas

FUENTE	CONTAMINANTES INORGÁNICOS	CONTAMINANTES ORGÁNICOS
Áreas urbanas	Metales pesados y sales	Compuestos orgánicos biodegradables y no biodegradables
Áreas agrícolas	Abonos, fertilizantes y metales pesados	Plaguicidas e hidrocarburos clorados
Áreas industriales	Metales pesados	Hidrocarburos clorados, derivados del petróleo y compuestos orgánicos sintéticos
Áreas mineras	Metales pesados, sales y arsénico	Hidrocarburos y derivados del petróleo

REMEDIACIÓN DE AGUAS SUBTERRÁNEAS Y OZONO

Generalmente, *remediación* significa dar remedio, remoción de contaminación o contaminantes del medio ambiente —suelo, aguas subterráneas, sedimento o aguas de la superficie— para la protección general de la salud humana y del ambiente, o de tierras provistas para el redesarrollo.

La *oxidación química* se utiliza para acabar con la contaminación subterránea sin que haya que excavarla o bombearla para transportarla a un sistema de tratamiento. De ese modo se ahorra tiempo y dinero. A menudo, la oxidación química se emplea para eliminar la contaminación a la que no se puede llegar por otros métodos, como la que se halla en las profundidades de las aguas subterráneas. La oxidación química puede emplearse para eliminar la fuente de contaminación aunque en la mayoría de los demás métodos que se utilizan para eliminar la fuente son muy lentos y más costosos.

La oxidación química emplea compuestos oxidantes para destruir la contaminación de suelos y aguas subterráneas, transformando ésta en compuestos inocuos, como agua y CO_2. Esta técnica permite destruir muchos combustibles, solventes, y plaguicidas.

La técnica se basa simplemente en la introducción en el terreno de los oxidantes, a través de pozos a diversas alturas, sin que sea necesario bombear los productos de la oxidación. No obstante, se observa que se obtiene una mayor efectividad de la técnica si establece un sistema cerrado, reinyectando lo obtenido por el pozo de extracción: con ello se ayuda a que se mezcle mejor el oxidante con los productos que constituyen la contaminación (Figura 1).

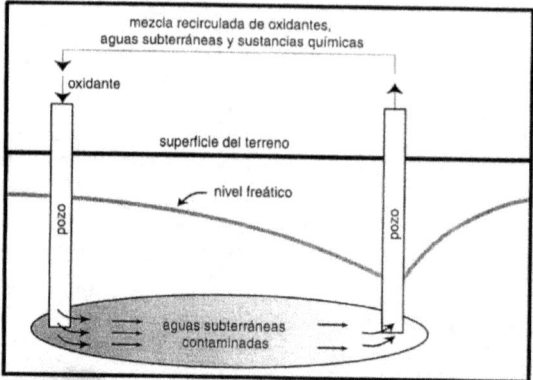

Figura 1: *Esquema de un dispositivo para oxidación química.*

Los productos oxidantes más utilizados son el agua oxigenada y el permanganato de potasio (de menor coste). También puede emplearse el ozono, aunque su carácter de gas hace más problemático su manejo. En algunos casos junto con el oxidante se emplea un catalizador, que aumenta el rendimiento del proceso de oxidación. Por otra parte, la oxidación puede crear el suficiente calor como para hacer hervir el agua subterránea, lo que favorece la movilidad de los contaminantes que no resulten oxidados.

En resumen, se trata de una técnica muy adecuada para actuar frente a determinados contaminantes, sobre todo cuando se encuentran a profundidades considerables, a las que otros métodos no pueden llegar.

De los oxidantes más utilizados en el tratamiento de aguas, los radicales libres de hidroxilo y el ozono tienen el *potencial más alto (son los más oxidantes)* (Figura 2). Ello explica la gran eficacia del ozono como desinfectante, así como su capacidad para oxidar materia orgánica del agua, eliminar olores y sabores desagradables, y degradar compuestos químicos de diversa naturaleza.

- 3 -

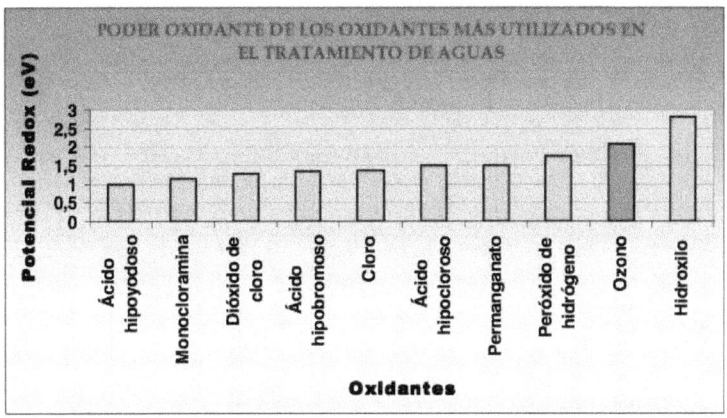

Figura 2: *Capacidad oxidante de los oxidantes más utilizados en el tratamiento de aguas*

El uso del ozono cada día se extiende más, gracias a la comodidad de su empleo, a sus efectos espectaculares, a que su exceso se descompone y a su sencillez en cuanto a la producción, ya que no precisa más que energía eléctrica.

CONCLUSIONES

El agua ha sido, desde el comienzo de los tiempos, la llave para la civilización y el desarrollo, siendo un recurso natural fundamental y uno de los pilares básicos en los que se apoya el progreso. No es por tanto exagerado decir que uno de los problemas más graves de conservación a los que se enfrenta hoy la humanidad es el de preservar y mantener la calidad de las aguas subterráneas, racionalizando su consumo y minimizando el deterioro de los cauces receptores de nuestras aguas residuales.

ABARRILER

- 4 -

REFERENCIA BIBLIOGRÁFICA

Durand Alegría, Jesús Senén; Gallego Picó, Alejandrina; García Mayor, María Asunción y Pradana Pérez; Juan Ángel. *"Aguas potables para consumo humano. Gestión y control de la calidad".* Lerko Print, S.A., 2005.

IPCC, 2007: *Cambio climático 2007: Informe de síntesis. Contribución de los Grupos de trabajo I, II y III al Cuarto Informe de evaluación del Grupo Intergubernamental de Expertos sobre el Cambio Climático* [Equipo de redacción principal: Pachauri, R.K. y Reisinger, A. (directores de la publicación)]. IPCC, Ginebra, Suiza, 104 págs.

http://www.engormix.com/MA-avicultura/sanidad/articulos/ozonoterapia-opcion-sector-agropecuario-t872/p0.htm

http://www.hidritec.com/hidritec/desinfeccion-con-ozono

http://www.tecnozono.com/agua/agua-y-ozono.htm

http://www.ozonoecuador.com/index.php?option=com_content&view=article&id=26&Itemid=24

http://www.conama9.org/conama9/download/files/CTs/2687_MP%E9rez.pdf

http://www.amazing.com/ciencia/noticias/051007c.html

http://www.clu-in.org/download/citizens/co-sp_12-6.pdf

http://www.uclm.es/users/higueras/mam/MMAM10.htm

- 5 -

AUTOR: Carmen Marín García

El ozono se perfila como la herramienta más eficaz para depurar el agua de contaminantes emergentes:

Introducción

A lo largo de los últimos años los contaminantes emergentes han ido convirtiéndose en una nueva preocupación medioambiental debido a su continuo aporte y posterior persistencia en los medios acuáticos y aún en el caso de tratarse de pequeñas concentraciones, de las graves consecuencias que su presencia puede conllevar. En la última década los procesos de oxidación avanzada (AOPs) se han estado empleando para tratar estos contaminantes con más o menos éxito. Este artículo resume los resultados de los últimos estudios sobre la efectividad de varios de los distintos métodos de depuración a fin de dar con la tecnología descontaminante más eficaz.

¿Qué son los contaminantes emergentes?

Actualmente existe un interés creciente por los "contaminantes emergentes", entre los que se encuentran los fármacos y los productos de uso personal (PPCPs) (Bester, 2007), surfactantes, retardantes de llama, aditivos industriales, esteroides y hormonas, así como los subproductos de la desinfección. Se ha demostrado que estos compuestos se encuentran diseminados en el ambiente y se han detectado en fuentes de abastecimiento de agua, aguas subterráneas e incluso en agua potable, procedentes de los residuos humanos e industriales.

Estos contaminantes se denominan emergentes porque corresponden, en la mayoría de los casos, a contaminantes relativamente novedosos, aún no regulados por la ley, que pueden ser candidatos a regulación futura, dependiendo de investigaciones sobre sus efectos potenciales en la salud orientadas a anticipar los riesgos futuros y/o desconocidos. De especial importancia son los disruptores endocrinos (EDCs) que en pequeñas concentraciones pueden causar alteraciones en las funciones del sistema endocrino y tener efectos nocivos sobre la salud de organismos libres de enfermedades.

Métodos de eliminación de contaminantes emergentes:

Si bien a lo largo de los años los tratamientos biológicos con fangos activos han sido reconocidos como los métodos de depuración de mejor relación eficacia coste, en el caso de los microcontaminantes como los PPCPs, etc no son suficientes. Hay que acompañar la depuración con técnicas más complejas como filtración, adsorción con carbón activo, osmosis inversa u oxidación por cloro u ozono. Los estudios realizados en la última década demuestran que de todas las técnicas posibles aquellas que han conseguido mejores resultados son las AOPs ó Procesos de oxidación Avanzada.

¿Qué son los AOPs?

Las AOPs son un conjunto de   procesos de oxidación química que se caracterizan por la generación de radicales hidroxilos. El oxidante más potente es el flúor pero es el ozono, por su inocuidad, el que está experimentando un mayor auge. Estos radicales oxidan y mineralizan casi cualquier molécula orgánica transformándola en CO_2 e iones inorgánicos.

Pueden usarse diferentes técnicas para generar estos radicales, algunas se caracterizan por el uso de radiación ultravioleta y la presencia de oxidantes como el peróxido de hidrógeno y el ozono. Sin embargo es posible generar radicales hidroxilo sin radiación, de hecho la técnica más común usada a nivel industrial es el proceso Fenton, que sólo emplea una sal de hierro y peróxido de hidrógeno en medio ácido.

Los principales AOPs empleados en la depuración de aguas son:

o Fotólisis

o Ozonización

o Oxidación Fenton

o Fotocatálisis heterogénea

o Oxidación electroquímica

o Sonificación

De todos ellos el más estudiado y empleado es la ozonización.

Ozonización

La ozonización es un tipo de AOPs y una forma de desinfección. Si se observan todos los estudios de la última década sobre depuración de contaminantes emergentes, el método más usado, el método del que hablan el 90% de la literatura relacionada con el tema es la ozonización. Esto es así porque se ha perfilado tras múltiples estudios como el método que mejores resultados consigue a menor coste económico y ambiental.

El Ozono es un potente oxidante que se descompone en el agua formando radicales hidroxilo que son agentes oxidantes más fuertes que el propio ozono, de ese modo inducen la llamada oxidación indirecta, atacando de forma selectiva a ciertos grupos de moléculas orgánicas (Mantzavinos y Psillakis,2004). La oxidación por Ozono suele verse favorecida al aumentar el pH a fin de aumentar la generación de radicales hidroxilo, es más, el resultado del tratamiento se ve mejorado si se combina con radiación UV (Irmak et al, 2005) , peróxido de hidrógeno (Zwiener y Frimmel, 2000) ó con compuestos de hierro o cobre como catalizadores (Skoumal et al,2006).

Conclusión

Es esencial continuar estudiando la efectividad de los distintos métodos empleados para la eliminación de estos microcontaminantes así como conocer su actividad biológica y los peligros que supone su presencia en los ecosistemas, a fin de poder regular y crear nuevos parámetros que evalúen el estado de calidad del agua.

Por ahora los AOPs parecen los métodos más apropiados para llevar a cabo la destrucción más completa de estos contaminantes emergentes y, dentro de ellos, la ozonización es, además del proceso más estudiado, el que presenta mejores expectativas de poder ser aplicado con éxito.

En resumen; sus ventajas económicas, ecológicas y su potente eficacia contra microorganismos y acción desodorizante, hacen que hoy en día el O3 sea el desinfectante más potente y saludable del mercado.

Fdo: Atenea

Madrid, a 4 de Junio de 2012

3/ 3

AUTOR: Diego García Suarez

Ozonificación del agua para explotaciones helicícolas

Resumen

Recientemente en España se está observando un incremento en la creación de granjas de caracoles. Los caracoles son unos animales muy sensibles a las condiciones climáticas necesitando una elevada humedad ambiental. Sabido es que elevadas concentraciones de humedad son favorables para el desarrollo y crecimiento de gran cantidad de especies bacterianas y de hongos. En este articulo se propone el uso de sistemas de ozonificación del agua, en concreto el ORP- *Oxidation-Reduction Potencial,* en las granjas de crías de caracoles debido a su gran acción microbicida.

Introducción

Como consecuencia de la creciente demanda mundial de alimentos en general y especialmente de proteínas de origen animal de alta calidad y bajo coste, cada vez resulta más necesario recurrir a nueva fuentes con posibilidades zootécnicas y económicas. En España se ha observado un cierto interés por la cría de caracoles, dando lugar a un próspero desarrollo de la helicicultura, actividad zootécnica que está alcanzando un auge particular y relevante en el campo.

Existen razones que aconsejan el impulso de la cría controlada de Helícidos en instalaciones racionales, con técnicas adecuadas; la gran concentración de moluscos provoca un extraordinario incremento de afecciones bacterianas, por *Pseudomonas,* y micóticas por *Verticillium* y *Fusarium.* Por todo ello, hay que tener en cuenta diferentes elementos para la protección sanitaria de la explotación.

Los caracoles necesitan una humedad ambiental elevada para su desarrollo. Lo que nos conduce a mantener un control exhaustivo de la humedad de las instalaciones; humedad que se suministrara, en primera instancia en forma de agua por la red de tuberías.

Estas premisas, además de los rigurosos controles sanitarios y zootécnicos en creciente imposición por las autoridades sanitarias, nos provocan la necesidad de recurrir a un sistema de higienización del agua para humectación de la salas de reproducción.

Objetivo

Demostrada la actividad del ozono en el agua frente a bacterias, virus, hongos y protozoos. Y aunque la guía de correctas prácticas de higiene en helicicultura editadas por el Ministerio de Medio Ambiente, Medio Rural y Marino no contempla el uso de ozono. En este artículo se propone su uso en explotaciones helicícolas.

El uso del ozono tiene gran interés desde el punto de vista de la eficacia de su uso, además de ser rentable el presupuesto de inversión.

Métodos

El uso del ozono para higienizar el agua en explotaciones helicícolas surge de la posibilidad de un uso racional, con el cumplimiento de los objetivos y sobre todo, bajo control en todo momento y de forma automatizada.

La ozonificación se realizará mediante el sistema ORP- *Oxidation-Reduction Potencial*. Con este sistema conocemos, en cada momento, la concentración de oxígeno disuelto en el agua de humectación que, se puede traducir en carga de materia orgánica que presenta el agua, y así poner en evidencia la presencia de microbios.

Para obtener dicha información se colocarán varios sensores ORP en diferentes sectores de las conducciones de humectación y fontanería. Estos sensores, como su propio nombre indica, miden el potencial del agua en milivoltios, produciéndose una tranferencia digital de datos entre el medidor y los electrodos con cierta compensación de temperatura automática. Además, los sensores son capacer de trabajar de manera fiable en un rango de pH dado en instalaciones similares. Cuando los sensores nos muestren lecturas bajas, interpretamos la presencia de compuestos orgánicos; en el lado opuesto, lecturas altas se traducen en una alta capacidad del agua para evitar la presencia biótica principalmente.

También existe la posibilidad de emparentar las lecturas de los sensores ORP con el recuento de coliformes en el agua. El potencial se mide por diferencia de voltaje entre una lectura de referencia y la lectura de los sensores colocados en los conductos de agua ozonizada. El nivel de potencial será similar al usado en acuicultura, de 150-250 mV. Así pues cuando los sensores detectan potenciales bajos, menores a 150 mV, transmite la información digitalmente al medidor, entonces se pondrá en marcha el generador de ozono instalado a salida del depósito mediante inyección de ozono. Cuando la lectura de los sensores se reestablezca, automáticamente se detiene el generador.

Fdo. Guadalix

AUTORES: Rita Rodríguez y Gerardo Gordillo

Rita Rodríguez, Gerardo Gordillo

"INVESTIGACIÓN ACERCA DE LA IMPORTANCIA DEL TRATAMIENTO DE DEPURACIÓN Y DESINFECCIÓN DEL AGUA RESIDUAL Y SU REPERCUSIÓN EN LA SALUD"

INTRODUCCIÓN

En este trabajo se desarrollara la importancia de contar con un tratamiento de desinfección del agua residual desde el punto de vista sanitario.

Todas las comunidades producen residuos tanto líquidos como sólidos. La parte líquida (aguas residuales) proceden del agua suministrada a la comunidad después de haber sido contaminada por los diversos usos a los que ha sido sometida.

MÉTODOLOGÍA

La problemática presentada por enfermedades causadas por el agua contaminada en países en desarrollo hace necesario el planteamiento de dar un tratamiento adecuado al agua residual con el fin de disminuir estos problemas.

En los últimos años, se han aplicado nuevas tecnologías para la reutilización de las aguas depuradas, debido a esto es necesaria la aplicación de desinfectantes para obtener una calidad mayor y garantizar que las personas que la utilizaran no corren ningún peligro.

Se plantea la necesidad de investigar sobre los casos de enfermedades realmente producidas por contaminación de las aguas siguiendo la siguiente metodología:

1. Microorganismos presentes en las aguas y enfermedades producidas.
2. Agrupar los países por PIB
3. Determinar las enfermedades hídricas generadas en la población total.
4. Plasmar cual es su situación en saneamiento, abastecimiento y sacar una correlación entre las instalaciones sanitarias y enfermedades hídricas.
5. Ajustar cuales son las inversiones en cada uno de los países en instalaciones sanitarias y relacionarlos con los casos de muerte y enfermedad.
6. Planteamiento del desinfectante como mejor alternativa de salud y vida

Rita Rodríguez, Gerardo Gordillo

RESULTADOS

1. Efectos negativos sobre la salud de los vertidos de las aguas residuales, a continuación se presentan las tablas dependiendo del tipo de germen o patógeno que provoca el problema.

Enfermedades Transmitidas Por Virus El Agua

GRUPOS	ENFERMEDADES
Enterovirus	Exantemas
Poliovirus	Parálisis, meningitis, fiebre.
Echovirus	Meningitis, enfermedades respiratorias, diarrea, fiebre.
Coxsackivirus A	Angina, enfermedades respiratorias, meningitis, fiebre.
Coxsavkivirus B	Miocarditis, anormalidades congénitas del corazón, fiebre, enfermedades respiratorias, pleurodinia.
Nuevos enterovirus	Meningitis, encefalitis, enfermedades respiratorias, conjuntivitis hemorrágica aguda.
Hepatitis tipo A	Hepatitis infecciosa
Virus poliomelitis	Poliomelítis aguda
Virus gastroenteritis (agentes tipo Norwalk)	Vómitos, diarreas epidémicas.
Rotavirus	Vómitos, diarreas epidémicas
Reovirus	Sin establecer claramente
Adenovirus	Enfermedades respiratorias, infección en los ojos.
Parvovirus	Asociado con enfermedades respiratorias de los niños, sin establecer claramente.

Rita Rodríguez, Gerardo Gordillo

Enfermedades Producidas Por Las Bacterias En Las Aguas

BACTERIAS	ENFERMEDADES
Vibrio Cholerae	Colerá
Vibro cholerae NAG	Enfermedades Coleriformes
Vibro para haemolytic us	Enteritis
Otros tipos de vibrio	Enteritis
Salmonella typhi	Fiebre tifoidea
Salmonella paratyphi	Fiebre paratifoidea
Otras salmonellas	Enteritis
Escherichia Coli	Enteritis
Shigella Dysenteriae	Disentería
Shigella Flexneri y otros	Disentería
Clostridium botulinum	Botulismo
Clostridium Perfringens y otros	Enteritis
Leptospira	Leptospirosis
Mycobacterium Tuberculosis	Tuberculosis
Yersinia enterocolítica	Enteritis, artritis
Giardia Lamblia	Calambres estomacales Dolores intestinales (Giardiasis)
Legionella	Enfermedad de la Legionella (pulmonía)
Estreptococos fecales	Endocarditis Infecciones urinarias

Otras Enfermedades Transmitidas Por Vía Acuática

ORGANISMOS	ENFERMEDADES
Protozoos	
Balantidium coli	Balantidiasis (diarrea, disentería)
Crytosporidium	Criptosporidosis (diarrea)
Entamoeba histolytica	Amebiasis (diarreas con sangre, abscesos de hígado e intestino delgado)
Giardia lamblia	Giardiasis (diarrea, nauseas, indigestión)
Helmintos	
Ascaris lumbricoides	Ascariasis (infestación de gusanos)
Enterovirus vermiaelaris	Enterobiasis (gusanos)
Fasciola hepática	Fasciolasis (gusanos)
Hymenolepis nana	Himenlepiasis (tenia enana)
Taenia saginata	Teniasis (tenia del buey)
Taenia solium	Teniasis (tenia del cerdo)
Trichuris trichiura	Trichuriasis (gusanos)

Rita Rodríguez, Gerardo Gordillo

| Schistosoma haematobium | Esquistomiasis |
| Dracunculus medinensi | Dracontiasis. |

En la siguiente tabla se da a conocer los primeros 5 países ordenados según su producto interno bruto (PIB) a precios nominales, la suma de todos los bienes y servicios finales producidos por un país en un año, de acuerdo al Banco Mundial.

Nº	País
1	Estados Unidos
2	Japón
3	China
4	Alemania
5	Francia

Y en la siguiente lista podemos observar los últimos 5 países:

Guinea-Bissau
Dominica
Tonga
Santo Tomé y Príncipe
Kiribati

A continuación se dan a conocer en porcentajes, las estadísticas de las **enfermedades** provocadas por el agua a nivel mundial de acuerdo a nuestros países de estudio, dadas a conocer por World Health Organization en su publicación "Safer Water, Better Health".

1. Estados Unidos 0.40%
2. Japón 0.50%
3. China 4.30%
4. Alemania 0.20%
5. Guinea 18.40%
6. Dominica 2.30%
7. Tonga 5.20%
8. Santo Tomás y Principe 13.30%
9. Kiribati 6.70%

Rita Rodríguez, Gerardo Gordillo

En los siguientes resultados se presenta la situación de cada país de estudio, en abastecimiento y saneamiento, esto nos ayudará a ver los avances a nivel mundial que cada país tiene y el desarrollo que han logrado a través de los años, según la OMS en su publicación "Estadísticas Sanitarias Mundiales" en el apartado Factores de Riesgo, dan a conocer lo siguiente:

Pais	Abastecimiento y Saneamiento
Estados Unidos	100
Japon	100
China	78 - 66
Alemania	100
Francia	100
Guinea-Bissau	58 - 33
Dominica	97 - 83
Tonga	100 - 96
Santo Tomé y Príncipe	86 - 24
Kiribati	65 - 36

CONCLUSIONES

Para evitar el riesgo de contraer enfermedades de origen hídrico el mejor planteamiento es una desinfección luego de nuestro tratamiento previo de depuración, y que la mejor alternativa es el ozono.

Desde hace 70 años se remonta el uso del Ozono en la purificación y desinfección de aguas potables, ya que constituye en método de los más efectivos dentro de este ámbito.

Al ser un poderoso desinfectante no tiene que acudir a componentes químicos que puedan alterar las propiedades y la pureza del agua.

Siempre se han utilizado otras técnicas más comunes como el uso del cloro, porque económicamente es más asequible, sin embargo, la capacidad del ozono de desinfectar es mayor y no forma subproductos que pueden ser dañinos para la salud humana, caso contrario del cloro.

Rita Rodríguez, Gerardo Gordillo

BIBLIOGRAFÍA
1) World Health Organization (2006) "Safer Water, Better Health".
2) Organizacion Mundial de la Salud (2006), "Estadísticas Sanitarias Mundiales".
3) World Health Organization (2010), UN-Water Global Annual Assessment of Sanitation and Drinking-Water (GLAAS) 2010"
4) Organizacion Mundial de la Salud (2008), "Estadísticas Sanitarias Mundiales 2010".
5) World Health Organization (2004); "T he Global Burden of Disease".
6) World Health Organization and UNICEF (2005); "W t er for life".
7) World Health Organization (2008); Training Workbook on Water Safety Plans for Urban Systems"

AUTOR: Ana Montero Pérez

VERSATILIDAD DEL OZONO EN EL TRATAMIENTO DE AGUA

kimana

¿Porqué tratar el agua?

En la naturaleza habitualmente nos encontramos con aguas naturales que no poseen las características microbiológicas ni fisicoquímicas apropiadas para ser consideradas aptas para el consumo humano, es decir, que no contengan ningún tipo de microorganismo, parásito o sustancia, en una cantidad o concentración que pueda suponer un riesgo para la salud humana, por lo que es necesario someterlas a una serie de tratamientos físicos, químicos y biológicos para transformar el agua natural en agua potable.

Las circunstancias que rodean a cada instalación de tratamiento de agua suelen diferir mucho entre ellas, por lo que elegir un proceso de tratamiento de agua es un proceso arduo. La decisión se ve supeditada a los objetivos de la calidad del agua y a los costes que el proceso genera.

Los procesos de oxidación química tienen un papel muy versátil dentro de los procesos de tratamiento de agua. La utilidad más ampliamente conocida es la oxidación de especies inorgánicas reducidas, como el ion ferroso, Fe (II), el manganeso, Mn (II), el sulfuro S(-II) y los compuestos orgánicos de riesgo sustitutivos, como el tricloroetileno (TCE) y la antracina. Además de las propiedades que poseen para destruir los compuestos que causan olor y sabor y eliminan color. Por otra parte, el ozono tiene una acción desinfectante al entrar en contacto físico con el agua.

El ozono como solución a la potabilidad del agua

El ozono es una variedad alotrópica del oxígeno (O_3). Se obtiene al aplicar sobre el oxígeno la acción ionizante de un campo eléctrico creado por un potencial elevado. Es un gas de color azul inestable por lo que se debe generar in situ. Industrialmente se obtiene haciendo pasar una corriente de aire, o de oxígeno, entre dos electrodos sometidos a una diferencia de potencial (alterno) elevada. Para su obtención se emplean los ozonizadores tubulares, que están formados por dos electrodos concéntricos y un tubo dieléctrico.

Una vez obtenido el aire enriquecido en ozono se transfiere a la solución, mediante un dispositivo de absorción (sistema de inyección de gas en línea, contracorriente multiburbuja, etc.).

Es poco soluble en agua (doce veces menos que el cloro). Al disolverse se producen las siguientes reacciones:

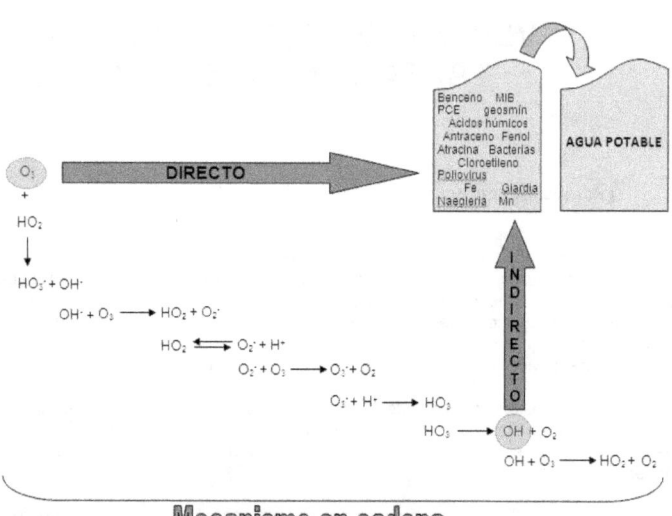

El ozono puede actuar por dos vías diferentes. La primera y más directa es la acción del ozono molecular, como pueden ser las reacciones que se llevan a cabo con el benceno y el tetracloroetileno (PCE). Son reacciones muy selectivas y rápidas.

La segunda forma de actuación es de manera indirecta, mediante la descomposición del ozono y la producción del radical libre oxhidrilo (OH). Este tipo de reacciones no son selectivas y reaccionan rápidamente con diversas especies.

Aplicaciones de los procesos de oxidación y desinfección mediante ozono

En concentraciones altas el hierro y manganeso disuelto en el agua precipitan (al formarse el hidróxido férrico y el dióxido de manganeso) produciendo depósitos de color anaranjados en el caso del hierro y negros en el del manganeso, depositándose sobre diversas zonas de la fontanería. Su proceso de eliminación pasa por la oxidación bajo la acción del ozono y después eliminando el precipitado formado mediante sedimentación y filtración.

La presencia de algas azul-verdosas son debidas a situaciones eutróficas que dan lugar a una serie de compuestos químicos que producen olores desagradables, como pueden ser el metilisobarneol (MIB) y el geosmín. Uno de los tratamientos más exitosos es la oxidación mediante ozono, aumentando su efectividad cuando se añade peróxido de hidrógeno o se le incide con radiación UV, produciendo de esta forma el radical oxhidrilo.

El color amarillento del agua puede ser debido a la presencia de compuestos poliarómaticos, los cuales son resultado de procesos naturales de descomposición, son los llamados ácidos húmicos. Los responsables de esa coloración es la parte cromofórica de la molécula (enlaces dobles C-C, grupos que enlazan las fuerzas metálicas, etc.), y es ahí donde precisamente ataca el ozono durante la oxidación.

El ozono molecular tiene una alta selectividad sobre varios productos químicos orgánicos de síntesis, como pueden ser el fenol y el naftaleno, los cuales son oxidados rápidamente. Por el contrario la atracina y el cloroetileno no se ven casi afectados. Este problema se soluciona gracias a la alta eficacia de oxidación que se obtiene con los radicales oxhidrilo.

El uso del ozono como desinfectante no es algo nuevo, nos podemos remontar hasta 1893 cuando en Holanda ya se usaba como desinfectante de agua potable, pero el mayor resurgimiento del uso del ozono como desinfectante fue en 1993, tras el brote de Cryptosporidium en Milwaukee.

La forma activa del ozono como desinfectante es el ozono disuelto, ya que la acción desinfectante tiene lugar por contacto físico con las burbujas del gas de ozono. Se produce un deterioro físico-químico del DNA en las células bacterianas que carecen de cierta actividad del gen de la polimerasa del DNA. La inactivación por ozono del ácido nucleico en el poliovirus es la razón de la eficacia de éste oxidante, al igual que para los quistes Giardia y Naegleria.

Eliminación del ozono residual

El aire enriquecido en ozono que se desprende después de su uso como oxidante o desinfectante, contiene cierta cantidad de ozono residual (1 al 15% del ozono producido) que puede llegar a ser perjudicial para la salud, por lo que se debe proceder a su eliminación. Este punto queda resuelto con la reconducción del ozono residual de nuevo al punto de aplicación en el agua, no produciendo de esta forma ningún tipo de residuo.

Conclusiones

Como se ha expuesto anteriormente, el ozono se muestra un producto versátil para la eliminación de elementos indeseables en el agua potable y además para la desinfección eficaz de la misma, siendo una de las mejores alternativas disponibles en la actualidad. Sin embargo, el coste del equipamiento es todavía excesivo para las pequeñas instalaciones de tratamiento y únicamente en las grandes ciudades se pueden encontrar ozonizadores en el esquema de sus instalaciones.

Bibliografía

Durand Alegría, J. S., Gallego Picó, A., García Mayor, Mª A., Pradana Pérez, J.A. "Aguas potables para consumo humano: Gestión y control de la calidad". LERKO PRINT, S.A. 2005.
Aieta y otros. "Advanced oxidation processes for treating groundwater contaminated with TCE and PCE: Pilot-scale evaluations". Jour. AWWA. 80 (5), 1988:64.

Hoigne y colaboradores. "The role of hydrosil radical reactions in ozonation processes in aqueous solutions". Water Res., 10, 1976:377.

Hoigne y otros. "Rate constants of reactions of ozone with organic and inorganic compounds in vater: Non-dissociating organic compounds". Water Res. 17 (2), 1983a;173.

Dahi, E. and E. Lund "Steady state disinfection of water by ozone and sonozone". Ozone science and engineering 2 (1):13, 1980.

Wickramanayake y otros. "Effects of ozone and storage temperatura on Giardia Cysts". Journal of the American water works association, 77 (8):74-77, 1985.

13 EQUIPOS Y MÁQUINAS DE OZONO

A modo de ejemplo, traemos a este libro algunos de los equipos de nuestro catálogo. Si estás interesado en ampliar esta información, puedes consultar nuestra web.

13.1. EQUIPOS DE USO DOMÉSTICO:

- Purificador de aire doméstico
- Purificador de aire familiar
- Generador de ozono doméstico
- Generador de ozono automático
- Ozonizador doméstico mini

13.2. EQUIPOS DE USO PROFESIONAL

- Cañón de ozono professional
- Cañón de ozono móvil
- SP Milenium 3
- SP Milenium 3G portátil
- SP Milenium 5
- SP Milenium 15G portátil
- Ozonizadores serie básica

13.3. EQUIPOS DE USO INDUSTRIAL

- Serie básica industrial
- Serie industrial 32
- Planta de ozono 32
- Serie industrial 20 g/h

13.4. ESTERILIZADORES DE CUCHILLOS

- Esterilizador ultravioleta Mod. 283609

13.5. GENERADORES DE OXÍGENO

- Generador de oxígeno 2
- Generador de oxígeno 4

13.1. EQUIPOS DE USO DOMÉSTICO:

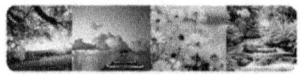

Prevención de Alergias, eliminación
de polen, polvo y ácaros.

Purificador de Aire Doméstico

- Destruye los agentes **causantes de alergias** como bacterias, hongos, virus, **polen, ácaros, polvo**, y Compuestos Orgánicos Volátiles.
- Gracias a sus potentes filtros Hepa y Carbón Activo actúa en **prevención de alergias** al polen, ácaros, polvo, etc.
- Gracias a su función ozonizadora, purifica las **partículas del humo** del tabaco, destruyendo los agentes causantes del mal olor así como los contaminantes del ambiente.
- Purificador de aire doméstico, perfecto para **combatir los problemas de alergias**, de sensibilidad al polen, polvo, ácaros, bacterias, virus y hongos.

Ventajas y Beneficios

- Incorpora tecnologías innovadoras para la purificación del aire interior que (**ozono**, iones, Ultravioleta, **Hepa**, Carbón Activo, etc.) permiten una eficacia del 99,9%
- Evita el uso de **ambientadores químicos** reduciendo la carga en el ambiente y manteniendo un ambiente fresco, limpio y puro.
- Actúa en la prevención de agentes infecciosos causantes de **resfriados, gripes y constipados**. Perfecto para todas las estancias de tu hogar, con un área máxima de 50m². Se puede llevar a cualquier parte ya que es **ligero, simple y portátil**.

Como Funciona

- El Purificador de Aire Doméstico funciona e modo manual, en modo automático, o en tiempos de 1, 2 ó 4 horas.
- En el modo "automático" el equipo funciona en ciclos de 20minutos ON / 40 minutos OFF.
- Este equipo purificador dispone de 3 velocidades de renovación del aire (lenta, media, rápida).
- Para seleccionar el generador de iones ó el generador de ozono pulse el botón "Function"; para seleccionar los rayos ultravioleta, pulse el botón "UV".
- Incorpora regulador de tiempo de trabajo, mando a distancia, 3 velocidades y nivel sonoro inferior a 40 db.

Cosemar Ozono. Innovación y Confianza

Pol. Ind. Cascajal Calle Sisones, 2 Naves 18-19 28320 - Pinto - Madrid
Tel. 91 692 00 18 - Fax. 91 692 06 64
info@cosemarozono.es
www.cosemarozono.com
www.ozonohogar.com

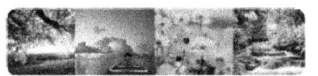

Prevención de Alergias, eliminación
de polen, polvo y ácaros.

Purificador de Aire Familiar

- Destruye los agentes **causantes de alergias** como bacterias, hongos, virus, **polen, ácaros, polvo**, y Compuestos Orgánicos Volátiles.
- Gracias a sus potentes filtros Hepa y Carbón Activo actúa en **prevención de alergias** al polen, ácaros, polvo, etc.
- Gracias a su función ozonizadora, purifica las **partículas del humo** del tabaco, destruyendo los agentes causantes del mal olor así como los contaminantes del ambiente.
- Purificador de aire doméstico, perfecto para **combatir los problemas de alergias**, de sensibilidad al polen, polvo, ácaros, bacterias, virus y hongos

Ventajas y Beneficios

- Incorpora tecnologías innovadoras para la purificación del aire interior que (**ozono**, iones, Ultravioleta, **Hepa**, Carbón Activo, etc.) permiten una eficacia del 99,9%
- Evita el uso de **ambientadores químicos** reduciendo la carga en el ambiente y manteniendo un ambiente fresco, limpio y puro.
- Actúa en la prevención de agentes infecciosos causantes de **resfriados, gripes y constipados.** Perfecto para todas las estancias de tu hogar, con un área máxima de 75m². Se puede llevar a cualquier parte ya que es **ligero, simple y portátil.**

Como Funciona

- El Purificador de Aire Familiar funciona e modo **manual o en modo automático**. En el segundo caso el equipo funciona en ciclos de 20minutos ON / 40 minutos OFF por tiempos de 1, 2 o 4 horas de funcionamiento).
- Este equipo purificador dispone de **3 velocidades** de renovación del aire (lenta, media, rápida).
- Para seleccionar el generador de iones, el generador de ozono ó los rayos ultravioleta, pulse el botón "Anion", "Ozone" ó "UV" respectivamente.
- Incorpora **regulador de tiempo** de trabajo, **mando a distancia**, sensor de olor y partículas, 3 velocidades y nivel sonoro inferior a 46 db.

Cosemar Ozono. Innovación y Confianza

Pol. Ind. Cascajal Calle Sisones, 2 Naves 18-19 28320 - Pinto - Madrid
Tel. 91 692 00 18 - Fax. 91 692 06 64
info@cosemarozono.es
www.cosemarozono.com
www.ozonohogar.com

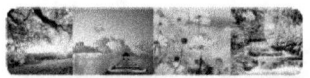

Eliminación de Olores,
Desinfección Alimentaria. Ozono
tratamientos.

Generador de Ozono Doméstico

- Generador de Ozono de **múltiples usos en el hogar;** Eliminación de olores, desinfección de frutas, verduras, zapatos, y producción de aceite ozonizado.

- Sustituye los **químicos como lejía** en lavados por inmersión en la pila de frutas y verduras. Garantiza la **eliminación de contaminantes** de orígen biológico como *Salmonellas, lysteria monocytogenes*, etc.,y químicos como **plaguicidas o fitosanitarios** adheridos a los alimentos.

- Incorpora bolsa especial para el tratamiento y **eliminación de malos** olores de **zapatos, botas y zapatillas de deporte y d**estruye los agentes biológicos en peluches y juguetes.

- Puedes tratar el agua de beber eliminando los malos sabores a cloro, lejía, etc.

- Puedes conseguir tu propio aceite ozonizada en casa y disponer de sus enormes ventajas para todos los tuyos.

Ventajas en el Hogar

- Equipo portátil y de múltiples usos en desinfección de alimentos y seguridad alimentaria
- Purificación de agua de beber.
- Permite la elaboración de aceite ozonizado para uso tópico, como herpes, acné, psoriasis, etc.
- Destruye alérgenos como bacterias, hongos, virus y Compuestos Orgánicos Volátiles.
- Incorpora piedra porosa para la elaboración de aceite ozonizado en tu propia casa.
- Incorpora bolsa de tratamiento el tratamiento y eliminación de olor en zapatos, botas y zapatillas de deporte
- Elimina los microbios de peluches y juguetes de tus hijos.

Como Funciona.

• Para utilizarlo, conecte el equipo a la corriente, y seleccione el tiempo de funcionamiento según las indicaciones adjuntas, el ozonizador se apagará automáticamente. Si quiere, puede conectar el tubo de plástico para una mejor difusión del ozono o bien para tratamiento de zapatos o producción de aceites.

• Para utilizarlo en agua, utensilios y alimentos, conecte el equipo a la corriente, conecte el tubo de silicona y la piedra difusora a la salida del dispositivo e introduzca en agua. Seleccione el tiempo de funcionamiento según las indicaciones adjuntas, el ozonizador se apagará automáticamente. Es un equipo de tratamiento de agua por inmersión. El tiempo máximo de tratamiento es 30 minutos.

Cosemar Ozono. Innovación y Confianza

Pol. Ind. Cascajal Calle Sisones, 2 Naves 18-19, 28320 - Pinto - Madrid
Tel. 91 692 00 18 - Fax. 91 692 06 64
info@cosemarozono.es
www.cosemarozono.com
www.ozonohogar.com

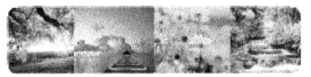

Eliminación de olores en habitaciones.
Generador de Ozono Automático

Generador de Ozono Automático

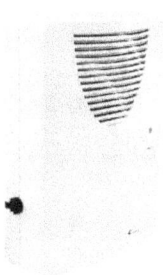

- Elimina los **malos olores.**
- Destruye los agentes **causantes de alergias** como bacterias, hongos y virus.
- Purifica las **partículas del humo** del tabaco, destruyendo los agentes causantes del mal olor así como los contaminantes del ambiente.
- Evita el uso de **ambientadores químicos** reduciendo la carga en el ambiente y manteniendo un ambiente fresco, limpio y puro.
- Actúa en la prevención de agentes infecciosos causantes de **resfriados, gripes y constipados.**
- Acaba con los Compuestos Orgánicos Volátiles

Ventajas y Beneficios

- En tu **Hogar**, desde habitaciones, salones, comedores y pequeñas estancias del hogar. Se puede llevar a cualquier parte ya que es **ligero, simple y portátil.**
- Evita la adherencia de malos olores en paredes, colchas, cortinas y moquetas de una habitación.
- Destruye el 90% de los agentes alérgicos como pueden ser bacterias y hongos.
- Elimina los agentes causantes de **malos olores de nuestras mascotas**, incluso el **olor a pis de gato y perro** así como los **C.O.V.**
- Funcionamiento automático ON/OFF.
- Tamaño reducido y discreto

Como Funciona

- El generador de ozono **funciona en ciclos** de diez minutos en ON produciendo ozono y diez minutos OFF, evitando una sobrecarga de ozono en el ambiente interior.

- Equipo compacto de bajo consumo que no requiere instalación y recambios

Cosemar Ozono. Innovación y Confianza

Pol. Ind. Cascajal Calle Sisones, 2 Naves 18-19, 28320 - Pinto - Madrid
Tel. 91 692 00 18 - Fax. 91 692 06 64
info@cosemarozono.es
www.cosemarozono.com
www.ozonohogar.com

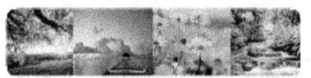

Ozonizador Domestico. Eliminación de olores en habitaciones.

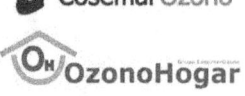

Ozonizador Doméstico Mini

- Elimina los **malos olores.**
- Destruye los agentes **causantes de alergias** como bacterias, hongos y virus.
- Purifica las **partículas del humo** del tabaco, destruyendo los agentes causantes del mal olor así como los contaminantes del ambiente.
- Evita el uso de **ambientadores químicos** reduciendo la carga en el ambiente y manteniendo un ambiente fresco, limpio y puro.
- Actúa en la prevención de agentes infecciosos causantes de **resfriados, gripes y constipados.**
- Acaba con los Compuestos Orgánicos Volátiles

Ventajas y Beneficios

- En tu **Hogar**, desde habitaciones, salones, comedores y pequeñas estancias del hogar. Se puede llevar a cualquier parte ya que es **ligero, simple y portátil**.
- Evita la adherencia de malos olores en paredes, colchas, cortinas y moquetas de una habitación.
- Destruye el 90% de los agentes alérgicos como pueden ser bacterias y hongos.
- .Elimina los agentes causantes de **malos olores de nuestras mascotas**, incluso el **olor a pis de gato y perro** así como los **C.O.V.**

Como Funciona

- Incorpora una conector de enchufe macho en la parte trasera del equipo por lo que no requiere de ninguna instalación.
- Eficaz y programable funciona con un temporizador de 10 a 90 minutos de tratamiento en continuo.
- Para utilizarlo solo necesita conectar el dispositivo a la corriente, presionar el interruptor ON/OFF para que se ponga en funcionamiento.
- Una vez encendido, pulsa el botón ▲ para aumentar el tiempo de tratamiento en continuo, pudiendo programar un máximo de 90 minutos, aumentando de 10 en 10 minutos. Pulse el botón ▼ para disminuir el tiempo de tratamiento, pudiendo programar un mínimo de 10 minutos de tratamiento, disminuyendo de 10 en 10 minutos.

Cosemar Ozono. Innovación y Confianza

Pol. Ind. Cascajal Calle Sisones, 2 Naves 18-19, 28320 - Pinto - Madrid
Tel. 91 692 00 18 - Fax. 91 692 06 64
info@cosemarozono.es
www.cosemarozono.com
www.ozonohogar.com

13.2. EQUIPOS DE USO PROFESIONAL

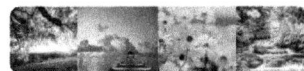

Tratamientos de Choque y
Eliminación de olores.

Cañón de Ozono Profesional

- Elimina todo tipo de olores y erradica los agentes contaminantes adheridos en paredes, suelos, techos, tejidos o bien aquellos que están suspendidos en el aire: Bacterias, virus, hongos y C.O.V.
- Especialmente diseñado para tratamientos de choque, de intervención rápida en tiempos cortos y breves.
- En periodos muy cortos de tiempo se consiguen resultados sorprendentes y claramente demostrables.
- Evita el uso de ambientadores químicos en habitaciones de hoteles, zonas comunes de la industria HORECA, residencias geriátricas, salas comunes de hoteles, aseos, etc.

Características Técnicas.

- Cañón generador de Ozono para Higiene Ambiental.
- Ideal para tratamientos integrales de desinfección y limpieza de ambientes interiores.
- Equipo para uso profesional de Gran Potencia y Capacidad de trabajo.
- Indispensable para el servicio de habitaciones en hoteles, empresas de limpieza, recuperaciones de siniestros por incendios, hospitales e instalaciones de acceso público.

Como Funciona:

- Para utilizar solo necesita conectar a la clavija de alimentación, presionar el interruptor ON/OFF y elegir selector de tiempo de trabajo.
- También tiene la opción de no temporizar el tratamiento girando el temporizador en sentido antihorario.
- Incorpora un ventilador que hace pasar aire ambiente por el interior del cañón, esparciendo el O3 en el habitáculo que se quiere tratar.
- Muy fácil de usar, ligero y muy manejable.

Cosemar Ozono. Innovación y Confianza

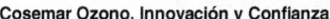

Pol. Ind. Cascajal Calle Sisones, 2 Naves 18-19 28320 - Pinto - Madrid
Tel. 91 692 00 18 - Fax. 91 692 06 64
info@cosemarozono.es
www.cosemarozono.com

Eliminación de olores en tejidos, cascos y botas.

CosemarOzono

Cañón de Ozono Móvil

- Elimina todo tipo de olores, erradica los agentes contaminantes del aire: Bacterias, virus, hongos y C.O.V.
- Especialmente diseñado para tratamientos de choque, de intervención rápida en tiempos cortos y breves.
- Cañón de ozono móvil perfecto en la **desinfección y eliminación de olores procedentes de incendios o incidentes que dejan adheridos malos olores a los tejidos.**
- Su ligereza de peso y dimensiones facilitan su transporte, siendo ideal para la **desinfección y tratamiento "in situ".**
- En periodos muy cortos de tiempo se consiguen resultados sorprendentes y claramente demostrables sin dejar residuos químicos.

Características Técnicas

- Cañón de Ozono Móvil para Higiene Ambiental, desinfección de ambientes interiores.
- Ideal para tratamientos integrales de desinfección y limpieza de ambientes interiores.
- Cañón de ozono indispensable para **empresas de limpieza**, tintorerías y lavanderías, recuperaciones de siniestros por incendios.

Como Funciona:

- Funciona de manera manual. Es un tratamiento de choque, por lo que poco tiempo es suficientes para la eliminación de olores y desinfección.
- Para utilizar solo necesita conectar a la clavija de alimentación, conectar un tubo difusor o inyector y presionar el interruptor ON/OFF.
- En el tratamiento de vehículos, coloque el cañón de ozono fuera del coche y meta el tubo difusor en el vehículo. Ponga en funcionamiento la circulación del aire de coche y ponga en funcionamiento el cañón de ozono.
- Incorpora un compresor que hace pasar el aire ambiente por el interior del cañón y en la salida consigue el O_3.

Cosemar Ozono. Innovación y Confianza

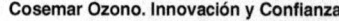

Pol. Ind. Cascajal Calle Sisones, 2 Naves 18-19 28320 - Pinto - Madrid
Tel. 91 692 00 18 - Fax. 91 692 06 64
info@cosemarozono.es
www.cosemarozono.com

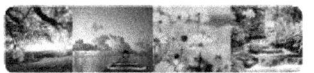 Desinfección de Agua con ozono en procesos de industria alimentaria.

 CosemarOzono

SP Milenium 3

- Erradica los agentes contaminantes del agua y destruye los reservorios de bacterias, hongos y virus.
- Recomendado para instalaciones industriales en Seguridad Alimentaria y herramienta útil en el control y aplicación del APPCC.
- Aplicado en agua en los procesos de la industria alimentaria, permite la desinfección del producto en el lavado, disminuyendo la carga microbiana en el lavado de carnes, envasado de vegetales, etc.
- Recomendado para instalaciones profesionales en el canal de HORECO, higiene y desinfección ambiental, así como en cámaras frigoríficas, obradores o cocinas. Herramienta Indispensable para la gestión eficaz en la Seguridad Alimentaria (APPCC).
- Genera el ozono en su cápsula estanca, evitando fugas que puedan perjudicar la parte eléctrica del equipo.

Características Técnicas

- Producción de ozono ajustable de 0- hasta 3.000 mg O_3/h
- Dispone en su interior de compresor autónomo de aire por membrana 2 Kg/cm^2
- Gas de alimentación: aire comprimido o bien por oxigeno concentrado.
- Dispone en la parte frontal de indicadores de funcionamiento, producción y alarma.
- Refrigeración y enfriamiento por ventilación forzada.
- Instalación y sujeción mediante orificios en la parte trasera.
- Realizamos las pruebas de calibración en nuestro laboratorio.

Como Funciona

El ozono se produce por la activación de las moléculas de oxígeno mediante una descarga de alta tensión.

El gas de alimentación puede ser aire comprimido, oxígeno o aire ambiente.

Cosemar Ozono. Innovación y Confianza

Pol. Ind. Cascajal Calle Sisones, 2 Naves 18-19 28320 - Pinto - Madrid
Tel. 91 692 00 18 - Fax. 91 692 06 64
info@cosemarozono.es
www.cosemarozono.com

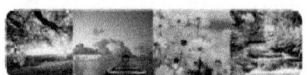

Desinfección con Ozono para la
Higiene Ambiental.

SP Milenium 3G Portátil

- Elimina los malos olores. Erradica los agentes contaminantes de aire o agua: bacterias, virus, hongos y compuestos orgánicos volátiles (COV).
- Armario construido en acero Inoxidable. Especialmente diseñada para el tratamiento por inyección o canalización independiente.
- Recomendado para instalaciones profesionales en el canal de HORECO, higiene y desinfección ambiental, así como en cámaras frigoríficas, obradores o cocinas. Herramienta Indispensable para la gestión eficaz en la Seguridad Alimentaria (APPCC).
- Genera el ozono en su cápsula estanca, evitando fugas que puedan perjudicar la parte eléctrica del equipo.
- La generación se produce por descarga (efecto corona), sobre la molécula de oxígeno. Fabricado según UNE 400-2001-94.

Características Técnicas

- Producción de ozono ajustable de 0- hasta 3.000 mg O_3/h
- Dispone en su interior de compresor autónomo de aire por membrana 2 Kg/cm^2
- Gas de alimentación: aire comprimido o bien por concentrado.
- Dispone en la parte frontal de indicadores de funcionamiento, producción y alarma.
- Refrigeración y enfriamiento por ventilación forzada.
- Instalación y sujeción mediante orificios en la parte trasera.
- Realizamos las pruebas de calibración en nuestro laboratorio.

Como Funciona

El ozono se produce por la activación de las moléculas de oxígeno mediante una descarga de alta tensión. El gas de alimentación puede ser aire comprimido, oxígeno o aire ambiente.
Dispone en su interior de un pequeño autómata programable que permite que el generador funcione de una forma manual o automática. Permite seleccionar los tiempos de trabajo y la franja horaria, para realizar un correcto tratamiento en función de cada aplicación o de las necesidades específicas.

Cosemar Ozono. Innovación y Confianza

Pol. Ind. Cascajal Calle Sisones, 2 Naves 18-19 28320 - Pinto - Madrid
Tel. 91 692 00 18 - Fax. 91 692 06 64
info@cosemarozono.es
www.cosemarozono.com

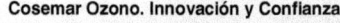

 Desinfección con Ozono para la Higiene Ambiental.

 CosemarOzono

SP Milenium 5

Erradica los agentes contaminantes del aire o agua: bacterias, virus, hongos y compuestos orgánicos volátiles (COV). Elimina todo tipo de olores y micro-contaminantes.

Armario construido en acero inoxidable. Especialmente diseñada para el tratamiento por inyección o canalización independiente. Considerado como alta gama y equipo líder dentro de su nivel de producción.

Recomendado para instalaciones profesionales en el canal de HORECO, higiene y desinfección ambiental, así como en cámaras frigoríficas, obradores o cocinas. Herramienta Indispensable para la gestión eficaz en la Seguridad Alimentaria (APPCC).

La generación se produce por descarga (efecto corona), sobre la molécula de oxígeno. Fabricado según UNE 400-2001-94.

Características Técnicas

- Producción de ozono ajustable de 0- hasta 5.000 mg O_3/h.
- Dispone en su interior de compresor autónomo de aire por membrana 2 Kg/cm^2
- Gas de alimentación: aire comprimido o bien por concentrador de oxígeno.
- Dispone en la parte frontal del indicadores de funcionamiento, producción y alarma.
- Refrigeración y enfriamiento por ventilación forzada.
- Instalación y sujeción mediante orificios en la parte trasera o bien apoyado en cuatro patas en la base de la máquina.

Cómo funciona

El ozono se produce por la activación de las moléculas de oxígeno mediante la descarga de alta tensión. El gas de alimentación puede ser; aire comprimido, oxígeno concentrado o aire ambiente.

Dispone de un pequeño autómata programable que permite que el generador funcione de una forma manual o automática. Permite seleccionar los tiempos de trabajo, la franja horaria, para realizar un correcto tratamiento en función de cada aplicación o de las necesidades específicas.

Cosemar Ozono. Innovación y Confianza

Pol. Ind. Cascajal Calle Sisones, 2 Naves 18-19 28320 - Pinto - Madrid
Tel. 91 692 00 18 - Fax. 91 692 06 64
info@cosemarozono.es
www.cosemarozono.com

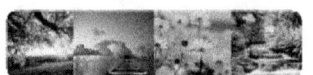

Desinfección con Ozono para la
Higiene Ambiental.

CosemarOzono

SP Milenium 15G Portátil

- Elimina los malos olores. Erradica los agentes contaminantes de aire o agua: bacterias, virus, hongos y compuestos orgánicos volátiles (COV).
- Armario construido en acero Inoxidable. Especialmente diseñada para el tratamiento por inyección o canalización independiente.
- Recomendado para instalaciones profesionales en el canal de HORECO, higiene y desinfección ambiental, así como en cámaras frigoríficas, obradores o cocinas. Herramienta Indispensable para la gestión eficaz en la Seguridad Alimentaria (APPCC).
- Genera el ozono en su cápsula estanca, evitando fugas que puedan perjudicar la parte eléctrica del equipo.
- La generación se produce por descarga (efecto corona), sobre la molécula de oxígeno. Fabricado según UNE 400-2001-94.

Características Técnicas

- Producción de ozono ajustable de 0- hasta 20.000 mg O_3/h
- Dispone en su interior de compresor autónomo de aire por membrana 2 Kg/cm^2
- Gas de alimentación: aire comprimido o bien por OXIGENO.
- Dispone en la parte frontal de indicadores de funcionamiento, producción y alarma.
- Refrigeración y enfriamiento por ventilación forzada.
- Instalación y sujeción mediante orificios en la parte trasera.
- Realizamos las pruebas de calibración en nuestro laboratorio.

Como Funciona

El ozono se produce por la activación de las moléculas de oxígeno mediante una descarga de alta tensión. El gas de alimentación puede ser aire comprimido, oxígeno o aire ambiente.
Dispone en su interior de un pequeño programador que permite que el generador de ozono funcione de una forma manual o automática. Permite seleccionar los tiempos de trabajo y la franja horaria, para realizar un correcto tratamiento en función de cada aplicación o de las necesidades específicas.

Cosemar Ozono. Innovación y Confianza

Pol. Ind. Cascajal Calle Sisones, 2 Naves 18-19 28320 - Pinto - Madrid
Tel. 91 692 00 18 - Fax. 91 692 06 64
info@cosemarozono.es
www.cosemarozono.com

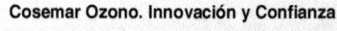
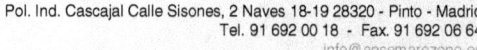

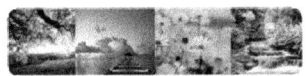 Ozonización Modular.

 CosemarOzono

Ozonizador Serie Básica

• Los Ozonizadores de la Serie Básica, son generador de ozono que esta diseñados especialmente para un uso en los comercios, oficinas, hogares, cines, teatros, bares, salas de fiesta, guarderías, etc.
• Elimina los **malos olores** y erradica los agentes contaminantes del aire: **bacterias, virus y hongos**.

Características Técnicas.

- Ideal para tratamientos integrales de desinfección y desodorización del aire.
- Destruye olores de origen biológico; bacterias, hongos y virus, COV, etc.
- Equipo para uso profesional de Gran Potencia y Capacidad de trabajo.
- Caja ABS de alta resistencia ignifugo y auto extinguible.
- Rejillas de entrada y salida del aire para una corriente de aire constante.

Como Funciona:

- La instalación se realiza mediante dos anclajes en la pared, que debe instalarse a una distancia de 10 a 20 cm. del techo. Posteriormente, el equipo debe conectarse a una toma de tierra.
- El ozono se produce cuando el gas de alimentación (aire ambiente) atraviesa una válvula en vidrio de boro silicato con dieléctrico que está situada en el interior del generador de ozono.
- El equipo lleva incorporado un electro ventilador para la regeneración del aire interior y para la correcta dispersión del ozono. Además, lleva incorporado un dispositivo de control automático de producción que regula los tiempos de funcionamiento y de parada.

Cosemar Ozono. Innovación y Confianza

Pol. Ind. Cascajal Calle Sisones, 2 Naves 18-19 28320 - Pinto - Madrid
Tel. 91 692 00 18 - Fax. 91 692 06 64
info@cosemarozono.es
www.cosemarozono.com

13.3. EQUIPOS DE USO INDUSTRIAL

 Alimentación, tratamiento de agua y medioambiente

 CosemarOzono

Serie Básica Industrial

- El Generador de Ozono Serie Básica Industrial es un generador de ozono que **elimina todo tipo de malos olores**, humos, y erradica agentes contaminantes del aire como **bacterias**, virus, hongos y C.O.V
- Está especialmente diseñado para su uso en spas y centros deportivos.
- Evita el uso de ambientadores químicos en habitaciones de hoteles, zonas comunes, residencias geriátricas, escuelas infantiles, lavanderías.
- Permite el trabajo simultáneo en dos estancias o utilidades, gracias a las **dos salidas de ozono independientes** de las que dispone.

Características Técnicas

- Ideal para tratamientos integrales de desinfección y desodorización del aire, tejidos, etc.
- Destruye olores de origen biológico; bacterias, hongos y virus, COV, etc.
- Equipo para uso profesional de Gran Potencia y Capacidad de trabajo.
- Dispone de dos salidas de ozono, ideal para tratamientos simultáneos.
- Con este equipo de ozono, se consigue una alta calidad del aire, consiguiendo eliminar las bacterias, virus y hongos en un 99,99%.

Cómo funciona

- La instalación se realiza mediante dos anclajes en la pared, que debe instalarse a una distancia de 10 a 20 cm. del techo. Posteriormente, el equipo debe conectarse a una toma de tierra.
- El ozono se produce cuando el gas de alimentación (aire ambiente) atraviesa una válvula en vidrio de boro silicato con dieléctrico que está situada en el interior del generador de ozono.
- El equipo lleva incorporado un electro ventilador para la regeneración del aire interior y para la correcta dispersión del ozono.
- Lleva incorporado un **dispositivo de control automático de producción** que regula los tiempos de funcionamiento y de parada de cada salida de ozono individualmente.

Cosemar Ozono. Innovación y Confianza

Pol. Ind. Cascajal Calle Sisones, 2 Naves 18-19 28320 - Pinto - Madrid
Tel. 91 692 00 18 - Fax. 91 692 06 64
info@cosemarozono.es
www.cosemarozono.es

 TÜVRheinland® CERT ISO 9001

 Alimentación, tratamiento de agua, aire y medioambiente

 CosemarOzono

Serie Industrial 32

• El generador de ozono industrial elimina los contaminantes del agua: bacterias, virus y sustancias químicas.
• Esta maquina está construida en acero inoxidable. Está diseñada especialmente para el tratamiento mediante inyección o difusión porosa.
• Genera el ozono en un módulo cerrado, lo que impide posibles fugas que serían perjudiciales para la parte eléctrica. La producción de ozono se crea por descarga efecto corona.
• Está recomendado para instalaciones de Seguridad Alimentaria y tratamientos de aguas.
• Diseñado para procesos industriales donde se requiere una seguridad , fiabilidad y control constante.
• Herramienta indispensable en la industria vitivinícola, conserveras y mataderos de porcino, aves y vacuno.

Características Técnicas

• Producción de ozono variable de 0 hasta 32 gr/h
• Alimentación con aire ambiente, aire comprimido u oxígeno.
• Estos generadores de ozono son óptimos para un rendimiento alto. Están activados gracias a impulsos de tensión de media frecuencia.
• La alimentación debe ser de alta calidad, exenta de polvo, aceite y humedad
• Dispone en la parte frontal del equipo los indicadores de funcionamiento de producción y de alarma.
• Ventilación forzada para el enfriamiento.

Cómo funciona

El ozono se produce cuando el gas de alimentación (aire u oxígeno) atraviesa un dieléctrico borosilicato pirex, acoplado en el interior de la célula de generación. El caudal de alimentación es sometido a una descarga de alto voltaje y frecuencia mediana. La célula de generación disipa la energía calorífica por ventilación forzada.

Cosemar Ozono. Innovación y Confianza

Pol. Ind. Cascajal Calle Sisones, 2 Naves 18-19 28320 - Pinto - Madrid
Tel. 91 692 00 18 - Fax. 91 692 06 64
info@cosemarozono.es
www.cosemarozono.com

 TÜVRheinland® CERT ISO 9001

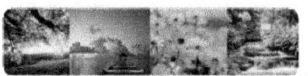 Alimentación, tratamiento de agua y medioambiente

 CosemarOzono

Planta de Ozono 32

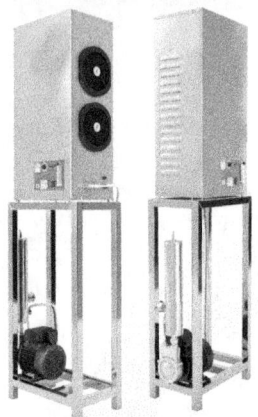

- La Planta de Ozono elimina los contaminantes del agua: bacterias, virus y sustancias químicas. Este dispositivo está realizado en acero inoxidable. Está diseñado especialmente para el tratamiento mediante inyección o difusión porosa. El ozono se genera en un módulo cerrado, lo que impide las fugas que serían perjudiciales para la parte eléctrica de la máquina.
- Este tipo de maquinaria está recomendada para instalaciones industriales en: Industria alimentaria, tratamiento de aguas y protección del medio ambiente.
- La incorporación de nuevos criterios en Seguridad Alimentaria (ISO 22000, BRC o IFS) hacen de este equipo una herramienta indispensable. Es, asimismo, ideal para tratamientos de agua potable RD- 140.

Características Técnicas

- Producción de ozono variable de 0 hasta 32 gr/h
- Alimentación con aire ambiente, aire comprimido u oxígeno.
- Estos generadores de ozono son óptimos para un rendimiento alto. Están activados gracias a impulsos de tensión de media frecuencia.
- La alimentación debe ser de alta calidad, exenta de polvo, aceite y humedad
- Dispone en la parte frontal del equipo los indicadores de funcionamiento de producción y de alarma.
- Ventilación forzada para el enfriamiento.

Cómo funciona

El propósito principal del Ozono es la desinfección, esterilización y eliminación de los materiales contaminantes del agua.
Por ello, es aplicable en industria médica, el agua de piscinas y reutilización de agua.
La fuerte capacidad de desinfección, esterilización y eliminación de olores del Ozono es aconsejada en la elaboración, manipulación y almacenaje de alimentos, con el objetivo de mejorar y garantizar la calidad de los mismos en todo su proceso de producción y distribución.

Cosemar Ozono. Innovación y Confianza

Pol. Ind. Cascajal Calle Sisones, 2 Naves 18-19 28320 - Pinto - Madrid
Tel. 91 692 00 18 · Fax. 91 692 06 64
info@cosemarozono.es
www.cosemarozono.com

 Higiene y Seguridad Alimentaria

 CosemarOzono

Serie Industrial 20gr/h.

Este equipo esta diseñado para instalaciones industriales como tratamientos de aguas potables, higiene y seguridad alimentaría y otros procesos en industrias.
Consigue una concentración de ozono capaz de eliminar hongos, bacterias y virus de una forma rápida y muy eficaz. Consigue destruir compuestos químicos contaminantes como los Diclorvos.
Este Generador de Ozono industrial fabricado en acero inoxidable AISI-304. Dispone en su interior de cédula independiente estanca de generación de ozono.

Características Técnicas

- Producción de ozono variable de 0 hasta 20 gr/h
- Alimentación con aire comprimido.
- La alimentación de aire debe ser de alta calidad, exenta de polvo, aceite y humedad
- Dispone en la parte frontal de mandos así como indicadores de funcionamiento.
- Ventilación forzada para el enfriamiento

Cómo funciona

El ozono se produce cuando el gas de alimentación (aire u oxígeno) atraviesa un dieléctrico borosilicato pirex, acoplado en el interior de la célula de generación. El caudal de salida de producción de oxígeno es ajustable, ajustando de este modo el caudal de salida de ozono ya que en la unidad de producción de ozono el caudal de entrada es igual al caudal de salida.
El nivel de salida de producción de ozono es ajustable mediante el potenciómetro

Cosemar Ozono. Innovación y Confianza

Pol. Ind. Cascajal Calle Sisones, 2 Naves 18-19 28320 - Pinto - Madrid
Tel. 91 692 00 18 - Fax. 91 692 06 64
info@cosemarozono.es
www.cosemarozono.com

13.4. ESTERILIZADORES DE CUCHILLOS

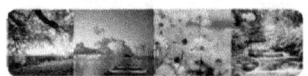 Esterilización de cuchillos con ultravioleta

 CosemarOzono

Esterilizador Ultravioleta. Mod: 283609

- Grandes posibilidades de desinfección (cuchillos, tijeras, guantes, etc.); permite la posibilidad de tratamiento de choque. Eficaz contra termófilos.
- Total desinfección y descontaminación por **UV** cumpliendo con la Norma Europea. Sistema de desinfección respetuoso con el medio ambiente.
- Construido completamente en Inox-304. Capacidad hasta 50/60 utensilios (según tamaño).
- Funcionamiento temporizado (hasta 60 minutos).
- Ventana que permite visualizar el funcionamiento. Tamper de seguridad (dispositivo de desconexión automática de la puerta). Incluye cerradura de seguridad.

Características

- Acero inoxidable AISI 304
- Espacio portafusibles
- Tensión de entrada 220 V 50Hz.
- Lámpara UV protegida por rejilla para evitar su rotura
- Radiación UV 253.7 nm.

Dimensiones

Modelo	283609
Peso (Kg.)	15,75
L*A*F (mm)	996 x723x120

Ventajas

- Funcionamiento automático --> realiza la desinfección sin necesidad de la actuación humana. Posibilidad de instalación en ambientes húmedos.
- Desinfección rápida y total de todos sus instrumentos de corte (hoja y mango).
- El diseño del equipo permite una perfecta colocación de los cuchillos evitando así posibles cortes en manos y dedos así como accidentes laborales. Contiene una bandeja para esterilizar otros pequeños utensilios.

Cosemar Ozono. Innovación y Confianza

Pol. Ind. Cascajal Calle Sisones, 2 Naves 18-19 28320 - Pinto - Madrid
Tel. 91 692 00 18 - Fax. 91 692 06 64
info@cosemarozono.es
www.cosemarozono.com

13.5. GENERADORES DE OXÍGENO

 Equipo de generación de oxigeno

 CosemarOzono

Generador Oxígeno 2

- El generador o concentrador de oxígeno, es un equipo robusto, fabricado en acero inoxidable 304.
- Actúa como equipo auxiliar de un generador de ozono aumentando y mejorando su eficacia y producción.
- Concentra oxigeno con una pureza por encima del 90%., eliminando el nitrógeno y otros gases que restan producción a los equipos de ozono.
- Es indispensable para restablecer o aumentar los niveles de oxígeno disuelto en el agua.

Características Técnicas

- Producción de oxígeno variable desde 0 hasta 2 L/ mn regulable con su caudalímetro.
- Alimentación de aire comprimido mediante su su propio compresor, seguido de una U.T.A. que incorpora serpentín de enfriamiento, filtro antihumedad, partículas y aceite.
- El ambiente debe ser en la medida de lo posible exento de polvo, aceite y humedad.
- Indicadores de producción de oxigeno, presión de entrada y caudal de salida de O2.
- Las operaciones de mantenimiento están incluidas en el manual.

Como Funciona

La serie de generadores de oxígeno GENO 2 de COSEMAR OZONO generan O2 a partir de aire ambiente, por lo que están adaptados para trabajar en múltiples situaciones. Mediante tecnología PSA (UOP zeolita molecular) tras la adsorción y presurización de aire se consigue una pureza del oxígeno recuperado de hasta un 95%.

Cosemar Ozono. Innovación y Confianza

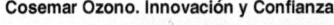
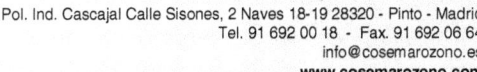

Pol. Ind. Cascajal Calle Sisones, 2 Naves 18-19 28320 - Pinto - Madrid
Tel. 91 692 00 18 - Fax. 91 692 06 64
info@cosemarozono.es
www.cosemarozono.com

Equipo auxiliar de generación de
oxígeno

CosemarOzono

Generador Oxígeno 4

El generador o concentrador de oxígeno, es un equipo robusto, fabricado en acero inoxidable 304. Actúa como equipo complementario en una instalación de ozono industrial.
Alimenta al generador de ozono, consiguiendo un aire con una a del 95% de oxígeno y eliminando otros gases indeseables .
También es indispensable para restablecer o aumentar los niveles de oxígeno disuelto en agua.

Características Técnicas

- Producción de oxigeno variable 3 hasta 15 L/ mn., incorpora en el frontal caudalímetro.
- Alimentación con su propio compresor
- El ambiente debe ser de alta calidad, exenta de polvo, aceite y humedad
- Indicadores de producción de oxigeno y alimentación
- Las operaciones de mantenimiento están incluidas en el manual técnico.

Cómo funciona

Nuestros generadores están fabricados con tecnología PSA . El sistema PSA (la abreviación de Pressure Swing Adsorption).,es un proceso cíclico de presión que consiste en la utilización de dos tanques en forma cilíndrica, que contienen el material adsorbente selectivo (tamiz molecular).

El sistema PSA garantiza un flujo constante y continuo gracias a un tercer tanque pulmón. Este proceso es continuo y automático, utilizando las electo válvulas automatizadas y el aire comprimido.

Obteniendo una pureza de oxígeno del 95,9%..

Cosemar Ozono. Innovación y Confianza

Pol. Ind. Cascajal Calle Sisones, 2 Naves 18-19 28320 - Pinto - Madrid
Tel. 91 692 00 18 - Fax. 91 692 06 64
info@cosemarozono.es
www.cosemarozono.com

14 NORMATIVA. PREGUNTAS FRECUENTES SOBRE EL USO DEL OZONO ¡Y SUS RESPUESTAS!

No hay leyes ,ni tradiciones, ni reglas que se puedan aplicar universalmente, incluyendo esta.
Anónimo

El uso del ozono como desinfectante, tanto aplicado en agua como en aire, está regulado por la siguiente normativa. Las normas españolas se basan en las recomendaciones de la Organización Mundial de la Salud (OMS) y en las Directivas europeas pertinentes.

14.1. NORMATIVA

- **Directiva 98/8/CE del Parlamento Europeo y del Consejo** de 16 de febrero de 1998 relativa a la comercialización de biocidas, en cuyo Anexo V se especifica la inclusión del ozono en el *Grupo principal 1*: desinfectantes y biocidas generales, dentro del *Tipo de producto 2*: desinfectantes utilizados en los ámbitos de la vida privada y de la salud pública y otros biocidas (PT02), así como en el *Tipo de producto 5*: Desinfectantes para agua potable (PT05).

- **Real Decreto 865/2003**, por el que se establecen los criterios higiénico-sanitarios para la prevención y control de la legionelosis.

- **NTP 538 del INSHT**, legionelosis: medidas de prevención y control en instalaciones de suministro de agua.

- **Real Decreto 140/2003,** de 7 de Febrero, por el que se establecen los criterios sanitarios de la calidad del agua de consumo humano.

- **Norma española UNE-EN 1278:1999** de productos químicos utilizados en el tratamiento del agua destinada a consumo humano: Ozono, transposición de la Norma Europea EN 1278 de Septiembre de 1998.

- **Norma española UNE 400-201-94,** recomendaciones de seguridad en generadores de ozono para tratamiento de aire.

- **INSHT. Límites de exposición profesional para agentes químicos en España.** Página 94.

- **Real Decreto 168/1985,** de 6 de febrero, por el que se aprueba la reglamentación técnico-sanitaria sobre condiciones generales de almacenamiento frigorífico de alimentos y productos alimentarios.

14.2. PREGUNTAS FRECUENTES SOBRE EL USO DEL OZONO ¡Y SUS RESPUESTAS!

1. ¿Está el ozono autorizado por Sanidad?

Como acabamos de exponer en el punto anterior, el uso del ozono como desinfectante de aire está regulado por la **Norma** española UNE 400-201-94, recomendaciones de seguridad en generadores de ozono para tratamiento de aire, siguiendo las directrices de la Organización Mundial de la Salud (OMS), y su uso como agente potabilizador de agua está contemplado en **Norma española UNE-EN 1278:1999** de productos químicos utilizados en el tratamiento del agua destinada a consumo humano: Ozono, transposición de la **Norma Europea EN 1278** de Septiembre de 1998, así como en el **Real Decreto 140/2003,** de 7 de Febrero, por el que se establecen los criterios sanitarios de la calidad del agua de consumo humano.

Asimismo, el uso de ozono como biocida está autorizado por la **Directiva 98/8/CE del Parlamento Europeo y del Consejo** de 16 de febrero de 1998 relativa a la comercialización de biocidas, en cuyo Anexo V se especifica su inclusión en el *Grupo principal 1*: desinfectantes y biocidas generales, dentro del *Tipo de producto 2*: desinfectantes utilizados en lo ámbitos de la vida privada y de la salud pública y otros biocidas (PT02), así como en el *Tipo de producto 5*: Desinfectantes para agua potable (PT05).

2. ¿El ozono es cancerígeno?

NO. El ozono es únicamente un agente irritante (Xi), según la clasificación de su ficha toxicológica, Esta clasificación como agente irritante se refiere **exclusivamente a sus concentraciones en aire**, es decir, a los problemas derivados de su inhalación, que dependen de la concentración a la cual las personas están expuestas, así como del tiempo de dicha exposición. De hecho, la normativa emitida por la OMS, en la que se basa el resto de la normativa, incluidos los límites de exposición profesional para agentes Químicos en España **VLA (Valores Límite Ambientales)**, adoptados por el Instituto Nacional de Seguridad e Higiene en el Trabajo. (Ministerio de Empleo y Seguridad Social), recomiendan una concentración máxima de ozono en aire, para el público en general, de 0,05 ppm (0,1 mg/m^3) en exposiciones de 8 horas.

Por tanto, el ozono no es de ningún modo cancerígeno ni mutagénico ni está clasificado como tal.

3. ¿ El ozono es bueno o malo para la salud?

En sí mismo el ozono no es ni bueno ni malo para la salud, son sus efectos sobre los microorganismos y numerosos compuestos químicos nocivos lo que resulta beneficioso.

Se ha hablado y escrito mucho sobre la bondad de utilizar el ozono en procesos de descontaminación de aire y agua, así como en procesos de desodorización en general; se ha escrito mucho menos sobre toxicidad, pero también existe suficiente bibliografía sobre este tema. Todo ello ha llevado a los diferentes países avanzados a establecer unas condiciones y unos máximos y mínimos para la exposición de personas a bajas concentraciones de ozono ya que podría resultar tóxico a elevadas concentraciones y durante períodos de exposición prolongados; realmente lo mismo podríamos decir del oxígeno y es un gas vital para el ser humano. Parafraseando a Paracelso, padre de la medicina, el problema no son los venenos, el problema son las dosis.

4. ¿ Cuánto ozono es bueno?

Como en el caso de cualquier otro compuesto, la cantidad de ozono beneficiosa para la salud depende de innumerables factores como la cantidad de materia orgánica presente en el medio en el que se aplica (suciedad), temperatura, humedad, el medio en el que se disuelve el O_3, etc.

Por regla general, disuelto en agua el ozono es completamente inocuo, mientras que en aire la única precaución que hay que tener a la hora de aplicar tratamientos de desinfección a base de ozono es la de no superar los límites máximos establecidos por la normativa, para exposiciones de 8 horas, en 0,05 ppm.

5. ¿Es bueno beber agua ozonizada?

A este respecto, hay opiniones dispares. Desde los que lo recomiendan con entusiasmo hasta para desintoxicar el organismo de metales pesados, hasta los que lo anatematizan como causante de envejecimiento prematuro si es ingerido.

Por nuestra parte, y al no haber bibliografía suficiente al respecto, aconsejamos aplicar el *principio de precaución* que respalda la adopción de medidas protectoras ante las sospechas fundadas de que ciertos productos pueden suponer un riesgo para la salud, pero sin que se cuente todavía con una prueba científica definitiva de tal riesgo. Es decir, no aconsejaría su ingestión hasta que haya más estudios realizados al respecto, máxime cuando el ozono disuelto en agua se descompone rápidamente, y sólo hay que esperar un poco para poder beber un agua purificada y sin un residual que pueda resultar perjudicial en ningún aspecto.

6. ¿Cuánto ozono se puede respirar?

Para exposiciones continuadas de 8 horas, los límites máximos recomendados por la normativa son de 0,05 ppm. Estos son los valores máximos recomendados por distintas instituciones y Organismos:

DATOS DE TOXICIDAD POR INHALACIÓN:

- TLV: 0'1 ppm
- Recomendaciones de seguridad de la norma UNE 400-201-94: <100 $\mu g/m^3$
- Los Valores Límite Ambientales (VLA) (año 2013) establecen para el ozono, límites de exposición en función de la actividad realizada, siendo el valor más restrictivo 0,05 ppm (exposiciones de 8 horas) y 0,2 ppm para periodos inferiores a 2 horas. La EPA establece un estándar de 0,12 ppm para 1 hora de exposición. y la OMS propone un valor de referencia de 120 $\mu g/m^3$ ó 0,06 ppm para un periodo máximo de 8 horas.

7. Qué es el ozono troposférico?

Hay que aclarar que en el presente libro, cada vez que hablamos de ozono, hacemos referencia al gas que se genera artificialmente para su uso controlado como biocida (aplicado tanto en agua como en aire). Esto nada tiene que ver con la famosa "capa de ozono" ni con el ozono troposférico.[4]

El ozono troposférico (no confundir con el estratosférico, cuya capa protege la Tierra de las radiaciones solares) es un contaminante secundario, es decir, que se produce a partir de otros contaminantes emitidos por los coches o la industria y, además, a varios kilómetros de donde se generan.

Sus efectos sobre la salud dependen de su nivel de concentración. A partir de 180 microgramos por metro cúbico (el nivel de información), ciertas personas -especialmente las asmáticas y las que tienen problemas respiratorios- podrían ver aumentadas sus dolencias.

Como vemos, se trata de gases oxidantes del exterior, de la calle, sin control de ningún tipo en su generación, y cuyas concentraciones empiezan a considerarse como dignas de información a partir de los 180µg/m^3, concentraciones muy superiores a las de los residuales que pueden detectarse en interiores tratados con generadores de ozono, que no superan nunca los 100 µg/m^3.

De hecho, **Las superaciones** de los niveles de información a la población (más de 180 microgramos de ozono por metro

---

[4] Troposfera: la región inferior de la atmósfera terrestre, la más próxima a la superficie y donde se localiza el aire que respiramos (hasta aproximadamente unos 15 km de altura). Estratosfera: región de la atmósfera situada por encima de la troposfera, aproximadamente entre unos 15 km y unos 50 km de altura

cúbico) **son habituales en Madrid** durante los meses de verano, sobre todo en los días calurosos y con poco viento, lo que quiere decir que las personas que caminan por la calle están expuestas a concentraciones mayores que las que se encuentren en un recinto purificado con ozono.

El perfecto control sobre los niveles residuales de ozono en el aire respirable permite el uso de un desinfectante altamente eficaz sin efectos indeseados en las personas que ocupan las zonas comunes de los lugares tratados, evitando en gran medida el riesgo de contagios y mejorando la calidad del aire, no sólo en cuanto a niveles microbiológicos, sino también en cuanto a olores desagradables y ambientes cargados, proporcionando un aire sano, limpio y fresco.

Podemos asegurar que en sus instalaciones tendrán menor riesgo por exposición a ozono que los habitantes de Madrid durante los meses de más horas de radiación solar.

8. ¿Qué cantidad de ozono se debe utilizar en ambientes interiores?

Depende de las dimensiones, estado y ocupación del local.

La producción de ozono debe ser regulada en función de los ritmos de actividad de la empresa o local en el que se instale, estableciendo los ciclos apropiados en cada caso, de manera que todo se realice automáticamente, evitando así riesgos por una manipulación inadecuada de los generadores.

En Cosemar Ozono:

1. Establecemos en primer lugar un diagnóstico de situación mediante un estudio previo que nos permitirá dosificar de forma adecuada, ajustándonos a lo establecido en la normativa, tanto española como europea.

2. Tras la instalación realizamos una medición del nivel residual a fin de comprobar que el tratamiento ha sido dimensionado correctamente y no hay niveles residuales que superen los valores máximos permitidos.

3. Posteriormente llevamos un control del funcionamiento de los equipos para gestionar su eficacia y, aun cuando los mismos no pueden producir nunca mayor cantidad de ozono que el que generan en el momento de su instalación, se verificarán, en las visitas técnicas periódicas, los niveles residuales.

4. Asimismo, en las visitas técnicas periódicas se tomarán muestras de aire para su posterior estudio, tras el cual emitiremos un informe sobre la calidad del aire desde el punto de vista microbiológico, asegurándonos de que no existen niveles de contaminación elevados en los recintos tratados.

9. ¿Es bueno beber agua ozonizada?

A este respecto, hay opiniones dispares. Desde los que o recomiendan con entusiasmo hasta para desintoxicar el organismo de metales pesados, hasta los que lo anatematizan como causante de envejecimiento prematuro si es ingerido.

Por nuestra parte, y al no haber bibliografía suficiente al respecto, aconsejamos aplicar el *principio de precaución* que respalda la adopción de medidas protectoras ante las sospechas fundadas de que ciertos productos pueden suponer un riesgo para la salud, pero sin que se cuente todavía con una prueba científica definitiva de tal riesgo. Es decir, no aconsejaría su ingestión hasta que haya más estudios realizados al respecto, máxime cuando el ozono disuelto en agua se descompone rápidamente, y sólo hay que esperar un poco para poder beber un agua purificada y sin un residual que pueda resultar perjudicial en ningún aspecto.

10. ¿Cómo puedo saber si estoy usando correctamente el ozono en el aire?

Siguiendo las indicaciones del fabricante del generador de ozono. Estos equipos llevan incorporado un programador capaz de dosificar correctamente de forma automática dependiendo de las dimensiones del lugar a tratar. Tan sólo hay que elegir el programa siguiendo las especificaciones del manual de instrucciones.

En cualquier caso, el umbral de percepción olfativa del ozono es mucho más bajo que los límites establecidos por la normativa; si el ozono está cumpliendo su tarea correctamente, eliminando microorganismos y demás contaminantes, se descompondrá con rapidez, por lo que no debería percibirse su olor. Si en algún momento se percibe un olor muy intenso a ozono (parecido al del cloro de las piscinas), seguramente es que el gas ya ha cumplido con su tarea, por lo que es recomendable apagar el equipo.

11. ¿El ozono se puede utilizar en agua directamente?

Sí, por supuesto. De hecho disuelto **en agua, el ozono resulta completamente inocuo**, dado que su acción sobre la materia orgánica provoca su rápida descomposición. **El ozono se encuentra autorizado como coadyuvante en el tratamiento de aguas potables** según el **Real Decreto 140/2003,** de 7 de Febrero, por el que se establecen los criterios sanitarios de la calidad del agua de consumo humano, estando asimismo reconocido como desinfectante en la potabilización de aguas por la **norma UNE-EN 1278:1999**. En palabras textuales de la norma española: *"El ozono se auto-descompone en el agua. Por tanto, a las dosis habitualmente aplicadas, no se requiere generalmente ningún proceso de eliminación. [...]"*

12. ¿Cómo se puede medir el ozono?

Disuelto en agua, el ozono se puede medir mediante métodos colorimétricos, pero la forma más sencilla, económica y exacta de medir la cantidad de ozono en agua es mediante el potencial redox. El ozono disuelto en agua eleva de manera inversamente logarítimica el potencial redox en función de la concentración. Este hecho nos permite usar el potencial redox como medida de la concentración de ozono en agua.

La medida de ozono en aire se puede realizar también mdiante métodos colorimétricos (bomba de vacío y tubos colorimétricos) o mediante sensores de equipos automatizados, más exactos y fiables.

13. ¿Cómo se puede eliminar el ozono?

Mediante el uso de filtros de carbón activo, aunque se descompone con rapidez por sí solo.

14. ¿Cuál es la vida media del ozono en el agua?

Depende de varios factores como el nivel de contaminación del agua (materia orgánica presente), la temperatura y su pH. A pH neutro, estos son los tiempos de vida media del ozono:

Vida media del O_3 en agua	
Temperatura (ºC)	Tiempo (minutos)
15	30
20	20
25	15
30	12
35	8

Como se puede observar, a mayor temperatura del agua, más rápida es la descomposición del ozono.

15. ¿Cuál es la vida media del ozono en aire?

Al igual que disuelto en agua, la vida media del ozono en aire depende varios factores: cantidad de materia orgánica (olores, humo, microorganismos), temperatura y humedad relativa del aire (a más humedad, más estabilidad).

Vida media del O_3 en aire	
Temperatura (ºC)	Tiempo
-50	3 meses
-35	18 días
-25	8 días
-20	3 días
120	1'5 horas
250	1,5 segundoa

16. **¿Se pueden oxidar los elementos de decoración por utilizar generadores de ozono?**

No, a no ser que se trate de elementos metálicos y estén directamente expuestos al ozono.

17. **¿A qué se refieren cuando se habla en las noticias de límites de ozono ambiental?**

Se refieren al ozono troposférico. El ozono está presente en la troposfera de forma natural. Una parte proviene del existente en las capas altas de la atmósfera (estratosfera) que es transportado hacia niveles más bajos, a las capas de aire próximas a la superficie terrestre. Otra parte procede de procesos naturales que tienen lugar en la biosfera y que dan lugar a la formación de ozono, a partir de emisiones de óxidos de nitrógeno que tienen su origen en procesos biológicos y en la emisión de compuestos orgánicos volátiles procedentes de la vegetación, de procesos de fermentación o de los volcanes.

Las cantidades de ozono a las que dan lugar estos procesos son pequeñas y su concentración en el aire no llega a niveles peligrosos. Sin embargo, el ozono troposférico puede llegar a ser un problema cuando se provoca un aumento de su concentración por medios artificiales: la contaminación. Muchas actividades de las que realiza el hombre en la actualidad emiten contaminantes a la atmósfera que son precursores del ozono. Por acción de la luz solar, estas sustancias químicas reaccionan y provocan la formación de ozono. Esto suele ocurrir, principalmente, en las grandes ciudades, favorecido el proceso por las altas concentraciones de contaminantes en el aire.

Como el proceso requiere además el concurso de la luz solar, es en primavera y verano cuando se alcanzan las máximas concentraciones de ozono troposférico. Al aumentar su concentración, el ozono se convierte en un contaminante que afecta a la salud.

18. ¿Qué ocurre cuando se habla de los límites de ozono ambiental?

Lo que ocurre es que los niveles de contaminantes emitidos a la atmósfera son muy altos, por lo que se informa a la población de esta circunstancia, ya que sus efectos sobre la salud, como hemos explicado, dependen de su nivel de concentración. A partir de 180 microgramos por metro cúbico (el nivel de información), ciertas personas -especialmente las asmáticas y las que tienen problemas respiratorios- podrían ver aumentadas sus dolencias.

Las personas que más riesgo corren son aquellas con alguna enfermedad pulmonar, entre las que se encuentran los asmáticos (enfermedad muy extendida en primavera debido a las reacciones alérgicas). En general, afecta principalmente a aquellas personas que realizan ejercicio físico al aire libre. Debido a que, como ya se ha dicho, las reacciones que producen el ozono se activan por la acción de la luz solar, las horas en que la concentración de ozono en el aire es más alta son aquellas que van desde el medio día hasta el anochecer.

19. Si el ozono es un oxidante, ¿nos hace envejecer antes?

No. También el oxígeno es un oxidante y no podemos vivir sin él. Vivimos en un ambiente oxidante (el oxígeno, como decíamos, es un potente oxidante, y es esencial para la vida), por lo que nuestro organismo cuenta con los mecanismos necesarios para protegerse de ambientes oxidantes. Este hecho nos permite una exposición al medio sin riesgos, eliminando la letalidad que representan este tipo de ambientes para los seres unicelulares (bacterias), las partículas virales o los agregados fúngicos.

Por lo tanto, un ambiente ozonizado **controlado** no representa ningún peligro para el ser humano, siendo letal para los microorganismos.

20. ¿Existe ozono bueno y ozono malo?

No, el ozono es siempre el mismo elemento. Lo que marca la diferencia es la forma de aplicarlo, de usarlo y, como ya hemos repetido, de controlar los niveles de residual presentes en los ambientes tratados con ozono.

15 EL SOCIO FRANQUICIADO DE COSEMAR OZONO

*La finalidad del marketing es conocer y
comprender tan bien al cliente, que el producto o
servicio le encaje a la perfección y se venda solo.*
Peter Drucker

"Cómo vivir del aire" es el titulo de este libro, aunque realmente seria más apropiado decir "Cómo vivir del ozono". También el concepto de socio franquiciado es innovador y tan sólo utilizado en Cosemar Ozono, aunque tengo la convicción de que en unos años las escuelas de negocio hablarán de este término y se estudiará en ellas como herramienta estratégica de crecimiento y expansión en el mundo de la empresa del siglo XXI.

La figura del socio franquiciado es un híbrido entre modelos empresariales ya existentes: el distribuidor tradicional, la franquicia y el desarrollo de negocio en red.

14.1. EL PORQUÉ DEL SOCIO FRANQUICIADO

Actuar es lo mas importante cuando queremos conseguir resultados o bien cambiar aquellos que hemos conseguido y no nos gustan del todo. Siempre me han llamado la atención los mercados o necesidades emergentes, y muchas veces he intentado anticiparme de forma consciente a nuevas modas o tendencias innovadoras por su rápida implantación desde mi propio análisis. Siempre he huido de las malas copias, de los trabajos mecánicos o repetitivos y de aquellos que gozan de protección publica y de cierto monopolio

Creo que debemos enfocarnos y actuar en aquello que ayude a crecer y multiplicar el ingenio, la innovación y las destrezas del ser humano. Cuando un ser humano crece, se siente realizado y feliz consigo mismo. Cuando vives en una constante de crecimiento, te sientes más feliz y comprometido con todo lo que te rodea.

Tampoco podemos echar la culpa a otros de lo que nos ocurre o de si lo que hacemos está muy bien, pero no nos sirve de nada. Lo útil y lo que provoca un cambio es la acción, ponerte manos a la obra y construir tu propio futuro viviendo en el presente.

Hay un proverbio que dice: **"Siembra un pensamiento y cosecharás un hábito, siembra un hábito y cosecharás un carácter, siembra un carácter y cosecharás un destino"**

Sé amo de tu propio destino.

Desde siempre me han gustado y prefiero los mercados creativos, en los cuales, desde el punto de vista profesional, puedes participar con el alma, la mente y el cuerpo, aportando valor y dignificando tu sector.

Es muy importante poder dar mucho más en valor de uso de lo que el cliente paga en valor económico. Es decir, me gustan aquellos mercados donde se crea y se genera Valor con mayúsculas en los servicio y productos. Donde la incorporación de beneficios de alto valor se convierte en el ingrediente que ayuda a conseguir formatos de éxito. Donde todas las partes salen ganando por aquello que entregan y reciben.

Hoy por hoy los diferentes perfiles profesionales de la sociedad tienen una importancia vital.

Los perfiles técnicos, independientemente del nivel o rango profesional son vitales, sin ellos sería imposible dar una atención extraordinaria y cumplir de una forma eficaz con las acciones que garantizan una ejecución completa.

Centros de salud, hospitales, servicios de mantenimiento, fábricas, ingenierías, centros de formación, etc., están haciendo aquello que es trascendental para el correcto funcionamiento de la sociedad, cumpliendo con las tareas indispensables que garantizan el que se cubran las necesidades demandadas.

Los emprendedores y empresarios tenemos hoy más que nunca obligaciones para con nuestros equipos de trabajo y con la sociedad en general. Debemos mantener, además de una visión ambiciosa, una misión comprometida con nuestra sociedad, aportando un valor extra al producto o servicio prestado y siendo artífices de la creación de puestos de trabajo y riqueza para contribuir, vía impuestos, a mantener y mejorar el bienestar social.

Es irritante escuchar en los medios de comunicación que tenemos casi seis millones de parados en este momento en España. Quiero decir que los parados no sobran, son personas, seres humanos con obligaciones y necesidades a cubrir. Lo que necesitamos en España son cuatro millones de emprendedores que creen su propio puesto de trabajo y ayuden a generar sinergias en el mundo empresarial, aportando estabilidad y riqueza al país.

La administración pública no debe, no sabe, y carece de las competencias para crear empleo de calidad, ya que si éste no genera riqueza, es a la larga negativo y perjudicial para el resto de ciudadanos, ayudando a crecer la presión fiscal y ahogando con impuestos a los ciudadanos, lo que paraliza el consumo, la inversión, la creación de puestos de trabajo y consume la capacidad de crédito financiero, obstaculizando que circule el crédito entre los consumidores y la pequeña y mediana empresa.

Miremos por donde miremos, no tenemos otra opción más que apostar por el autoempleo, porque necesitamos que cuatro millones se lancen a la aventura de emprender creando su propio negocio; para salir de la crisis no hay más opción que generar nuevas oportunidades y un clima de confianza real.

El autoempleo y la pequeña y mediana empresa son los auténticos creadores de riqueza creativa, saludable para las arcas del estado y beneficiosa para el conjunto de la sociedad.

Tenemos la obligación de crear oportunidades y escenarios en los que quienes trabajen se sientan útiles, realizados y felices contribuyendo a crear riqueza para conseguir un mundo mejor y más justo. Es así como se puede conseguir crear la verdadera riqueza de un pueblo sano económicamente.

Estamos ante nuevos retos: la necesidad de adaptarnos a los nuevos ciclos económicos y cambios de tendencias es hoy, más que nunca, una necesidad de supervivencia. Creo que el panorama laboral y empresarial, así como el político y financiero, hacen que la innovación y el continuo desarrollo de nuevas tecnologías provoquen cambios en todo lo que nos rodea. Y aunque muchas veces no nos gusten o nos cojan desprevenidos, estamos obligados a aceptarlos.

Actualmente las nuevas tecnologías, los sistemas de comunicación e información, la competencia de países emergentes en auténtica cabalgada de crecimiento económico, países que, en función de sus costes laborales, pueden llegar a poner productos y servicios a un menor precio, todo ello contribuye a aumentar la calidad competitiva y creativa de todas las empresas en el mundo.

La innovación constante en servicios y productos, técnicas, nuevos descubrimientos científicos, nos llevan a sentir que nunca tenemos los deberes hechos o, mejor dicho, que debemos seguir aprendiendo, algo que es muy positivo y que contribuye a mantener y crear calidad de vida en la sociedad y crecimiento respecto a nuestra propio progreso como seres humanos.

El cambio de tendencias y costumbres de los ciudadanos hacen que todos tengamos una cierta carga de presión pensando en el futuro profesional o empresarial. Al mismo tiempo las nuevas tecnologías como Google, Facebook, y multitud de aplicaciones para móviles nos provocan cambios de hábitos pero nos hacen la vida más fácil.

Cada día se reproducen cuatro mil millones de vídeos en YouTube y se suben más de 100 horas de vídeo cada minuto, es decir, más de cuatro días de grabaciones de vídeo al minuto. Por otro lado, cada mes, más de mil millones de personas, o casi 1 de cada 2 internautas, acuden a YouTube a informarse, conocer testimonios, responder preguntas o pasar un rato de ocio.

Solamente Google, que es el mayor buscador del mundo, tiene más de 150 millones de consultas por día en 86 idiomas, provenientes de más de cien países. Esa enorme mina de datos ordenados y clasificados por importancia para Google, se está convirtiendo en una herramienta valiosa para el mundo empresarial y el marketing.

En España, como en gran parte del mundo, el móvil es un dispositivo indispensable. Su uso está extendido como herramienta en los desplazamientos, con preferencia por los servicios de GPS, juegos y música. Y también, cómo no, por la mensajería instantánea y las redes sociales.

De hecho, tres de cada diez usuarios de internet móvil en nuestro país se descargan aplicaciones de redes sociales o navegan en ellas.

Otro aspecto importante es el gran potencial con el que cuenta el sector financiero hoy en día, pues los usuarios tienen gran interés en utilizar sus dispositivos móviles como monederos electrónicos.

La información circula a una velocidad de vértigo y los secretos sobre productos o servicios cada vez son más fáciles de descubrir de forma sencilla y económica.

Morrison Foerster ha publicado recientemente que la red social en la que más tiempo pasamos es Facebook, con una media de **6'75 horas al mes**. En comparación con 2006, la gente ahora dedica más del doble de tiempo a las redes sociales. El teléfono, email y correo tradicional, en cambio, están de capa caída. La televisión se sigue viendo, pero con un detalle: el 29% de los encuestados reconoce que ve la tele y al mismo tiempo utiliza Facebook

Los clientes cada vez saben y conocen más, quieren, no sólo saber qué hace un servicio o producto por ellos, sino también conocer lo que otros clientes dicen y comentan mediante videos de testimonio, o dejando su opinión de compra en portales o webs de relevancia.

La publicidad general y el marketing directo tradicional está viviendo una evolución galopante.

Hoy más que nunca tenemos herramientas para conocer, profundizar, ampliar y comprobar datos y experiencias en todo aquel campo que pretendamos descubrir a una velocidad de vértigo.

En definitiva: tenemos que responsabilizarnos de nuestras circunstancias actuales y emprender acciones directas sobre nuestros resultados si queremos cambiar el presente. Es absurdo esperar a que cambien las circunstancias económicas sin hacer nada, porque la vida sigue y el tiempo es el que es. Además las esperas largas crean angustia, debilitamiento, rabia y frustración. Todos sabemos que la situación económica cambiará, pero no sabemos cuándo, ni si ese cuándo puede ser mucho tiempo o demasiado tarde para ayudarnos a vivir una vida plena y completa.

Con toda la humildad y sencillez del mundo voy a definir las claves del socio franquiciado de Cosemar Ozono. Seguramente no te encaje a nivel personal o bien no llene tus expectativas personales, o es posible que no te veas como un candidato idóneo para hacerte socio franquiciado, pero está claro que si has llegado hasta aquí, eres un ser admirable, luchador, curioso e inquieto que está a punto de salir de su "zona cómoda" para mejorar su vida, o bien simplemente quieres conocer nuevos modelos ante los retos presentes.

Utilizo una fórmula que no es creación mía, pero que me sirve para encuadrar y simplificar los proyectos importantes. Puedes utilizar esta abreviatura para reducir al máximo e ir al grano y quitar paja: **Q.Q.C.C.**

> Q: Qué
> Q: Quién
> C: Cómo
> C: Cuándo.

Trasladando la formula a nuestro terreno esto quiere decir:

- ✓ **¿Qué** es un socio franquiciado?,
- ✓ **¿Quién** puede ser socio franquiciado?
- ✓ **¿Cómo** puedes comenzar tu propio negocio?
- ✓ **¿Cuándo** empezar a progresar y desarrollarte?

"Los socios franquiciados son embajadores de la calidad y excelencia de Cosemar Ozono. Todos los socios reciben formación continua exhaustiva teórica y práctica, aportando su experiencia, sus capacidades, sus conocimientos y formación, sus habilidades humanas y profesionales…"

El modelo de socio franquiciado de Cosemar Ozono implica una colaboración mutua total y la plena admisión de la visión y valores de la empresa, trabajando día a día para alcanzar la excelencia en la calidad de las relaciones con los clientes, del servicio y las soluciones ofrecidas en desinfección ambiental, alimentaria y control de plagas.

Durante años hemos trabajado duramente para obtener y conseguir un modelo de negocio adaptado a los nuevos tiempos donde la confianza, la innovación y el marketing sean la clave de nuestro éxito.

14.2. DÓNDE Y CÓMO APORTAMOS VALOR A UN SOCIO FRANQUICIADO:

✓ Eliminación del miedo al fracaso, ridículo y rechazo en la aventura profesional y empresarial.

✓ Imagen de marca y notoriedad relevantes, ya que Cosemar Ozono es la empresa líder en desinfección .

✓ Empresa con gran reconocimiento por parte del sector y de los canales donde se utiliza el ozono con mayor frecuencia: Horeco, industria alimentaria, geriatría, hospitales, etc.

✓ Más de 25 años de experiencia y *"Know how"* como fabricantes de generadores de ozono al servicio de los clientes.

✓ Formación y apoyo continuo en las estrategias de comunicación, gestión, administración, publicidad y marketing.

✓ Los productos y servicios más avanzados del sector, probados y garantizados.

✓ Presencia online, con varias webs y blog que hacen que Cosemar Ozono tenga un liderazgo notorio.

14.3. DÓNDE NOS APORTA VALOR UN SOCIO FRANQUICIADO

✓ Su experiencia profesional y conocimientos.

✓ Su ambición y afán de desarrollo y crecimiento profesional.

✓ Sus valores de honestidad y dedicación.

✓ Su capacidad para comunicarse con clientes, sus aptitudes sociales y de empatía.

✓ Su capacidad de autogestión y de tomar decisiones adecuadas en el momento oportuno.

✓ Su compromiso de dedicación y de desarrollar acciones enfocadas al crecimiento de su cartera de clientes.

✓ Su capacidad de aprendizaje, de autoevaluación.

✓ Su disposición para desarrollar relaciones a nivel local como factor importante en la integración de su propio negocio en la comunidad, haciendo una labor de **proximidad y cercanía al cliente que generen una confianza única en la relación.**

El modelo de socio franquiciado de Cosemar Ozono es un proyecto profesional y personal de futuro, una oportunidad profesional para aquellos que busquen resultados a corto, medio y largo plazo en un sector en continuo desarrollo e innovación.

Por ello, el proceso de selección de los candidatos es tan minucioso.

14.4. ¿QUÉ TE OFRECEMOS COMO SOCIO FRANQUICIADO?

Nuestro objetivo es que puedas crear tu propio negocio como asesor experto en Sanidad Ambiental, sin necesidad de financiación, ya que la inversión corre por nuestra cuenta.

Éstas son las ventajas de emprender con nosotros:

✓ **Una marca reconocida**

Cosemar Ozono es una compañía fabricante de generadores de ozono con más de 25 años de experiencia en el sector de la Sanidad Ambiental y Alimentaria.

Somos la primera compañía en España en número de clientes, equipo humano, volumen de negocio, visibilidad online y con acuerdos de investigación con varios universidades y centros de investigación. Disponemos de más de novecientos metros cuadrados de instalaciones, con un equipo humano altamente profesionalizado, comprometido e ilusionado. Disponemos de clientes con instalaciones industriales en varios países y garantizamos nuestro servicio técnico en todos ellos, estando presentes en toda España con más de 40 profesionales.

Nuestra solvencia nos permite realizar un esfuerzo continuo para adaptar nuestros equipos y servicios a las necesidades de los clientes.

✓ **Productos y servicios de primer nivel**

Garantizamos los servicios para el sector profesional e industrial con una amplia gama de equipos purificadores de aire, agua y alimentos, y con servicios complementarios en el control de plagas urbanas.

Te proporcionamos un sólido portafolio de productos que ofrecer a tus clientes con toda seguridad y garantías.

✓ **Formación y experiencia**

Cosemar Ozono proporciona una formación completa sobre:

- Los Sectores de Horeco, (Hoteles, restaurantes, bares, cafeterías y colectividades. El sector Sanitario en Hospitales, geriátricos, clínicas dentales, clínicas podológicas y escuelas infantiles.

- Técnicas comerciales, atención al cliente o resolución de problemas específicos del sector.

Todo ello con el objetivo único de consolidar en sus socios franquiciados un grado de conocimiento óptimo para ayudar y asesorar a sus futuros clientes.

En el momento de comenzar su programa, al asesor se le asigna un instructor/comercial que le guiará y le dará apoyo en todo momento a lo largo de la trayectoria de su negocio.

14.5. PLANES DE INICIO Y PROGRESO

Te propondremos desde el principio unos Planes de Ingresos y de Carrera competitivos, con los que podrás conocer de forma clara y definida los estatus y beneficios económicos de cada fase de tu proyecto, ayudando a consolidar tu propia cartera.

Por un lado queremos innovar de forma continua y tomar conciencia de la importancia que tiene nuestro grado de compromiso, tanto para los miembros del equipo como para el cliente y la sociedad.

El concienciar, hasta dejarlo "impregnado en su ADN", a cada uno de los miembros de Cosemar Ozono de la visión y misión de la empresa, es fundamental para mantener un alto grado de entusiasmo y energía. La jornada es larga y el mercado es duro.

Actualmente Cosemar Ozono está en pleno proceso de expansión y crecimiento. Desarrollamos un nuevo concepto de negocio que está revolucionando el sector de la sanidad ambiental dentro del mundo profesional y empresarial, creando una alternativa de autoempleo en la crisis económica actual. Desde siempre hemos sido pioneros en innovar y probar nuevas fórmulas de negocio que nos diferencien y nos pueda permitir presentar una oferta diferente en el fondo y en la forma.

Todos los departamentos e integrantes de Cosemar Ozono hemos trabajado duro, y seguimos trabajando para perfeccionar y mejorar día a día nuestro modelo de negocio, que queremos sea abierto, dinámico y divertido. Pretendemos todos, desde la ingeniería, hasta los sistemas, procesos, la dirección comercial, marketing, pasando por el servicio tecnico, de calidad, etc., un nuevo modelo que ha sido pensado para encajar en las nuevas claves del mercado actual, afrontando sus retos con alternativas eficaces.

Se trata de un nuevo concepto en el que domina nuestra diferenciación y la búsqueda incansable de hacer algo más y diferente que llene al cliente de satisfacción, seguridad y confianza.

La figura del socio franquiciado, como hemos repetido a lo largo del libro, es un híbrido entre modelos empresariales ya existentes: el distribuidor tradicional, la franquicia y el desarrollo de negocio en red.

Pero lo más importante de todo son las personas. Una gran empresa se hace con la calidad humana y la buena gente como requisito básico. Lo primero de todo es el equipo humano, es decir, da igual a lo que juegues: ajedrez, fútbol, balonmano, o qué actividad desempeñes en la vida: trabajo, deporte, estudio viajes... Lo primordial en todos los casos son los compañeros de juego -o de viaje, por decirlo de alguna manera- que eliges. Es aquí donde nuestra sistema de selección de socios franquiciados hace un esfuerzo importante a la hora de aceptar un nuevo candidato.

Si tienes el gusanillo de querer hacer algo diferente, que te ayude a divertirte y poder crecer y, por supuesto, contribuir a un mundo mejor, ponte en contacto hoy mismo con nosotros. Aquí te dejo un enlace donde puedes ver más sobre esta oportunidad de negocio:

http://www.youtube.com/watch?v=AqFqTmxsAUI

Anímate y contacta con nosotros. Estaremos encantados de poder atender cualquier pregunta o sugerencia que nos plantees.

No olvides: Ponte en marcha lo antes posible y aprende "*Cómo vivir del aire*" con nosotros.

Este libro se terminó en Pinto (Madrid), a las 02:30 del
10 de abril de 2014

www.ingramcontent.com/pod-product-compliance
Lightning Source LLC
Chambersburg PA
CBHW051635170526
45167CB00001B/197